부처님의 진실한 뜻
알아지이다

유마와 수자타의 대화 4
부처님의 진실한 뜻 알아지이다

2008년 7월 20일 1판 1쇄 발행
2011년 3월 25일 1판 2쇄 발행

글 · 김일수
펴낸이 · 김인현
펴낸곳 · 도서출판 도피안사

등록 · 2000년 8월 19일(제19-52호)
주소 · 경기도 안성시 죽산면 용설리 1178-1
전화 · 031-676-8700

영업사무소
전화 · 02-419-8704
팩스 · 02-336-8701
영업국장 · 法月 김희중

Homepage · www.dopiansa.com
E-mail · dopiansa@hanmail.net

ⓒ 2008, 김일수

ISBN 978-89-90223-40-1 04220
ISBN 978-89-90223-07-5 (세트)

· 책값은 뒤표지에 있습니다.
· 잘못된 책은 바꿔드립니다.
· 이 책의 내용 전부 또는 일부를 다른 곳에 사용하려면 반드시 도피안사의 서면 동의를 받아야 합니다.

眞理生命은 깨달음[自覺覺他]에 의해서만 그 모습[覺行圓滿]이 드러나므로
도서출판 도피안사는 '독서는 깨달음을 얻는 또 하나의 길' 이라는 믿음으로 책을 펴냅니다.

부처님의 진실한 뜻 알아지이다

글 김일수 | 사진 김재일

DOPIANSA 到彼岸社

| 추천사 |

오로지 진리를 찾아서

미산현광彌山賢光 | 중앙승가대학교 포교사회학과 교수, 상도선원 선원장

1

청심향을 사룬 것처럼 청량합니다. 요즘도 이처럼 순수하고 진지하게 종교적 진리에 대한 성찰과 고민을 하는 분이 계셨음이 놀랍고 신선합니다. 희유한 일이기까지 합니다. 만약 평소 고故 김일수(ID : 유마) 님이 진리 추구에 대한 진지한 태도가 없었다면, 『대승기신론』을 대하는 순간 그토록 번뜩이는 종교적 예지와 회심回心이 과연 가능했을까요. 종교를 삶의 장식쯤으로 생각하는 사람에겐 도저히 불가능한 일이었겠지요. 진리에 대한 진지한 탐구심과 열렬한 구도심, 그리고 자신이 믿는 종교의 진리성을 철저하게 검증하는 탁월하게 열린 마음, 또 진리를 얻기 위해서는 신명身命도 바칠 수 있다는 위법망구爲法忘軀의 결연한 마음가짐, 이렇게 골고루 잘 갖추지 않고는 도저히 있을 수 없는 불가능한 일일 것입니다.

2

종교도 문화입니다. 문화는 사상이고, 사상은 정제된 생각이며, 생각은 마음 씀(用心)입니다. 결국 종교의 근본은 자신의 마음이라는 거죠. 그러므로 이 마음을 제대로 알지 못하고는 그 어떤 가르침도 자신에게 온전한 진리일 수 없습니다.

여기 진리의 근원인 마음을 찾아 헤맸던 한 인간의 행로行路가 있습니다. 바로 유마님의 행로입니다. 그러나 이 행로는 유마님만의 행로가 아니라 어쩌면 현대인 모두의 행로일 것입니다. 왜냐하면 사람은 본래부터 진리적인 존재이기에 진리를 찾거나 떠나온 진리로 되돌아가는 것은 개개인인에게 본자구족本自具足한 본능이고 본성이어서, 억지로 외면하거나 피할 수 없기에 말입니다.

유마님은 너무나 진지한 교인이었고 헌신적인 종교인이었습니다. 그런 그가 그동안 자신의 종교에서 풀지 못했던 (마음을 몰랐기에) 문제를 풀 수 있었던 것은 어느 날 우연찮게 마음교과서인 『대승기신론』을 만날 수가 있었던 것이 연유가 되었습니다.

3

현금의 종교인들은 진리추구에 대한 진지한 탐구심과 무한히 열린 태도가 아닌 독선과 아집에 사로잡혀 있고, 신앙이라는 미명아래 집단이기

주의적 행태에 매몰되어 종교 본연의 종교인 모습을 상실하고 있다는 지적이 제기된 지 오래이고, 또한 한두 번이 아니었습니다. 그래서 더 이상 종교가 인간을 진정한 행복의 길로 안내할 수 없다고 말하기까지 합니다.

저는 영국 유학시절에 매우 인상적인 패널토론회에 참석한 적이 있습니다. 옥스퍼드대학 인권 동아리에서 주최한 〈종교와 과학과의 대화〉라는 토론회였습니다. 21세기에는 과학이 인간들의 행복한 삶을 이끌어 주는 주도적 역할을 할 것인지, 아니면 아무리 첨단과학시대가 되더라도 인생의 행복과 불행의 문제는 종교의 몫이라는 것에 대한 격론이 벌어지고 있었습니다.

약 6백여 명의 신학도와 과학도들이 청중으로 참석했고, 저명한 신학자 3명과 과학자 3명이 번갈아 가면서 종교무용론과 과학적 환원주의적 입장을 서로 반박하는 열띤 논쟁의 장이었습니다. 흥미로웠던 점은 토론회 전에 종교 측의 입장을 지지하는 사람과 과학 측의 입장을 지지하는 사람의 숫자를 파악하여 놓고 양측의 주장을 모두 듣고 나서 종교에서 과학으로, 반대로 과학에서 종교로 입장을 바꾼 사람의 수를 알아보는 것이었습니다. 이 토론회에 참석한 패널 토론자 중의 한 분이 요즈음 화제의 책으로 각광받는 『만들어진 신』의 저자 '리처드 도킨스'였지요. 결과는 예견대로 과학자들의 논지에 호응하는 사람들이 훨씬 많아 과학의 판정승으로 끝났습니다.

4

　이 책에서 유마님도 과학이 종교를 점령하는 시대를 예견하고 있습니다. 현대인들은 고대인의 인지에 비하면 월등하게 합리적이듯이, 오늘날의 과학발전 속도로 인류문명이 발전한다면 백 년 안에 인류는 태양계를 자유롭게 왕래할 것이고, 천 년 내에는 태양계 전체에 골고루 퍼져 살 것이라고 예견합니다. 지금의 인지능력으로 파악했던 신비감과 경외감을 자아내는 신의 영역이 그때에 가서는 아주 일상적이고 평범한 것이 될 것입니다.

　그렇다고 종교가 사라진다거나 인간이 알 수 없는 영역이 더 이상 없게 될 것이란 것은 아닙니다. 유일신을 섬기는 종교의 역할이 극히 줄어들어 종교박물관에서나 볼 수 있게 될 것이라는 것입니다. 하지만 불교는 인간들이 고통에서 벗어나는 길을 일관성 있게 제시하고 있으며, 고통의 문제를 푸는 방식이 맹목적인 믿음을 강요하는 것이 아니라 '있는 그대로의 진실'을 왜곡됨 없이 이치에 맞게 인지하도록 하기 때문에, 과학이 아무리 발달해도 불교는 존속된다고 유마님은 주장하고 있습니다. 자신이 믿었던 개신교는 신학적 기반이 취약하여 오직 '믿음'으로 모든 문제를 해결하려는 경향이 강하므로 이 점은 역시 불교에서 배워야 할 점이라고 그는 강조하고 있습니다.

　불교도徒들도 또한 기독교〔천주교와 개신교 등〕도徒의 희생과 봉사정신을 본받아야 한다고 말합니다. 지혜의 발현과 자비의 실현이라는 분명한 이론과 실천체계를 가지고 있음에도 불구하고, 현실의 삶 속에서 자비행을 실천하는데 인색하며 기독교도의 사회구호활동에 비교하면 턱없이 취약한 실정이라는 것입니다.

5

21세기는 다종교사회이고 지식정보사회입니다. 다양한 종교가 유용한 정보를 공유하여 종교 간의 벽을 자유롭게 넘나들고 있습니다. 가톨릭 신부님이나 수녀님이 참선이나 위빠사나 명상을 하고, 스님들이 찬송가 풍의 찬불가를 부르고 일요법회를 하기도 합니다. 종교학에서는 이를 종교접변현상이라고 합니다. 물론 사회저변에는 아직도 자신의 종교와의 다름을 악의 축으로 규정하는 근본주의적 시각을 가진 종교인들이 상당히 많은 것이 사실입니다. 하지만 유마님이 예견한 것처럼 미래시대의 종교는 보편타당성과 합리성을 외면하면 점점 더 입지가 좁아질 것이 확실합니다.

6

『대승기신론』을 통한 회심回心의 종교체험 이전까지는 유마님의 불교에 대한 이해는 전무했다고 합니다. 거의 독학하다시피한 분의 글이라고 믿기 어려울 정도로 불교에 대한 이해가 깊고 표현이 정교합니다. 또 문제의 본질을 꿰뚫는 통찰력과 논의 핵심을 읽어내는 명쾌함이 돋보입니다. 형식면에 있어서도 「대화록」처럼 재미있게 엮어 놓았으므로 부담없이 읽을 수 있고, 또한 「명상록」처럼 깊은 사색이 담겨 있습니다. 특히 2권과 3권, 마지막 4권까지 시종 흥미진진한 촌철살인의 비범함이 번뜩입니다. 4권인 수행일기는 진리에 대한 사유와 삶에 깊은 고뇌를 엿볼 수 있어 비슷한 길을 추구하는 많은 종교인들의 마음수행에 상당한 도움이 되리라 생각합니다.

또 논점이 분명하므로 독자들로 하여금 종교의 핵심쟁점들에 대한 적절한 문제의식을 던져줍니다. 이 책은 최근의 화제작으로 서양에서 백만 부 이상 팔려나간 리처드 도킨스의 『만들어진 神』이나 이에 대한 인터넷상의 공개 비평서한을 책으로 낸 데이비드 A. 로버트슨의 『스스로 있는 神』과 함께 종교의 변증서로써 손색이 없을 정도로 명쾌하고 박진감 넘치는 문제제기와 반박, 나아가 깊은 사색과 성찰이 담겨 있는 역작임에 틀림없습니다.

이런 점에서 이 책은 한국판 『승려와 철학자』나 『만들어진 신』이라는 생각마저 들게 합니다. 부연하자면 이 책은 기독교도와 불교도들이 우선 읽어야 한다고 봅니다. 상호 유익하기 때문이지요. 사실 기독교나 불교 등 기존의 종교들보다 더 중요한 사실은 '진리'입니다. 각 종교가 저마다 진리를 내세우지만, 때로는 자신들의 입장에서 말하는 자기들의 주장일 경우가 많습니다. 그런 제각각의 입장을 떠나서 보편타당한 진리만이 현금의 인류를 구할 수 있는 진정한 구원의 길입니다.

끝으로 '도서출판 도피안사'를 통해 문서포교를 펴고 있는 송암스님께서 각별한 뜻을 내어 유마님의 유고遺稿를 모아 시리즈(1~4권)로 묶어낸 것은 광덕 큰스님의 위법망구爲法忘軀의 생애를 받드는 또 다른 일이라고 봅니다. 불자로서의 삶을 짧게 살다 간 유마님의 글을 송암스님이 『광덕스님시봉일기』를 낼 때의 정성으로 직접 가다듬어 시리즈로 출간한 것은 오로지 스승의 대각구국구세大覺救國救世의 운동을 선양하기 위함일 것입니다. 강호제현들께 삼가 일독을 권청합니다.

2552戊子년 부처님오신날을 맞으며
미산 합장

| 자변 (自辯) |

수행일기로 자신의 마음을 드러내자

글을 쓰면,
마음이 정리가 됩니다.
남들에게 쓰기보다 자기 자신에게 쓸수록….

글을 올리면,
마음의 순간 포착이 아주 잠깐 됩니다.
남들의 마음이 아닌 자기의 마음이….

명상 중이거나 사색 중이거나 연구 중에서 얻어지는 것들을
글로 옮겨 놓으면 퇴보하거나 퇴타심이 날 때에 도움이 됩니다.
아무리 단순한 것일지라도 나의 글은 다른 누가 아닌,
바로 나에게 도움이 됩니다. 일기를 쓰는 까닭입니다.
수행일기를….

다만 기억을 보존하기 위해서라면 메모로도 족한 것을,
굳이 이렇게 글로 옮기는 것은 바로 번뜩이는 사유를
잠시라도 붙들어 두기 위한 몸부림이라고 한다면
수행일기를 쓰는 이유가 된다고 말하고 싶군요.

여러분은 자기의 마음을 감추고 싶어하는군요.
드러내 놓기가 부끄러우신가요?
그렇다면 법다운 참회는 영영 못합니다.
참회가 없이는 일겁을 무릎으로 기어가며,
"나무아미타불" 한다 하여도 잇찬티카의 몸을 벗어나지 못합니다.

당신의 마음에 부끄러움이 보배처럼 묻혀 있어서는 안 될 것입니다.
드러냄을 부끄러워하여서는 더욱 안 될 것입니다.
불자는 수행선상에 있을 때에는 이미 알몸입니다.
세속인들이 때때로 사우나탕에 가서 알몸을 드러내듯이
불자는 수행선상에 올라서면
승복도,
발우도,
속옷도,
다 벗어버리고 알몸으로 서 있어야 합니다.
드러내 놓지 않으면 결코 법다운 참회가 아니기 때문입니다.

부끄러움을 더 이상 보배처럼 끌어안지 맙시다.

당신이 만일 나의 부끄러움을 자비롭게 보아주지 않는다면

나는 용기를 잃어 부끄러움이 보배처럼 내 맘속에 깊이 묻혀버릴 것입니다.

부끄러움은 빛 없는 사리가 되어 내 몸과 마음을 딱 막아버릴 것입니다.

정녕 부끄러워한다면 부끄러움을 모두 드러내 놓아야 할 것입니다.

이것이 진정 부끄러움을 부끄럽게 여기는 올바른 자세입니다.

당신의 부끄러움은 나에게 제망찰해가 될 것입니다.

그러니 왜 나의 수행을 돕지 않겠습니까? 큰 도움이 되지 않겠습니까?

이런데도 당신은 부끄러움을 깊이 감추어 영영 어둠에 갇히렵니까?

끝없는 어둠의 노예가 되어 굴종의 자식이 되렵니까?

죄인을 자처하여 법왕자가 아닌 한갓 피조물이 되렵니까?

당신은 정녕 홀로 깨달음을 좋아하는 어리석은 이입니까?

불자佛子는 수행일기의 글을 써서 자신을 드러냅니다. 진실만이 불자의 생명입니다.

유마 합장

차례

추천사
오로지 진리를 찾아서 | 미산현광(중앙승가대학교 교수)
•
4

자변
수행일기로 자신의 마음을 드러내자
•
11

유마의 수행일기
노스님 웃음소리를 들으며
•
18

수자타에게 보내는 마지막 편지
•
19

간행후기
'유마와 수자타의 대화' 시리즈를 간행하며
•
315

유마의 수행일기

노스님 웃음소리를 들으며

몸과 마음
비록 생로병사生老病死와 희로애락喜怒哀樂에 묻혀 있으나
스승이 아주 없지는 않았네.
생生은 노老의 스승이요
노는 병病의 스승이며
병은 사死의 스승이니,
희喜는 노怒의 도반이고
애哀는 낙樂의 이웃일세.

이들과 어우러져 배고플 때는 밥 먹고
졸릴 때는 자다 보니,
어느 새 춘삼월은 저만치 가고,
늦가을 감나무에 홍시 하나 달랑 남았네.
생, 스님이 예언하사 노가 온다 하였고,
노, 스님이 예언하사 병든다고 하더니,
병, 스님이 칼을 들어 내 목을 누르니,
사, 스님이 열반하여 껄껄껄 웃더라!

수자타에게 보내는 마지막 편지

수자타야,
보슬비가 온다.
내 마음엔 근심만 늘어,
종일 그 근심만 쳐다보았다.
근심은 내 마음이 되어 내게 말한다.

수자타야, 요즘 와서 나는 부처님의 고충을 조금이나마 느껴본다.

'일체가 다 이 마음이 빚어낸다―切唯心造'는 이 한 말씀을 하시기 위하여,
부처님께서 얼마나 많은 고민과 인내와 방편을 감당하셨을까 생각해 본다.
감히 나 같은 범부 무지렁이 따위가 거들더라도 도움을 드리지는 못할 것이 분명하다.
그래도·때마다 나는 '다 마음이다'라고 말하지 않을 수 없으니,
나의 고충도 이만저만이 아니다. 그러고 보면, 나도 남처럼 아미타 국토를 말해야 하며,

관세음보살을 들먹여야 하며, 다라니를 말해야 하며,
그리고 잘 외워지지도 않는 수지독경을 말해야만 하는 것일까?
부처님 없는 말법시대에, 누구처럼 묘법연화경妙法蓮華經을 암송하는 것이
그네들 근기에 딱 들어맞는다고 말해야 할까?
또 저 선재동자처럼 일일이 찾아다니며 여러 보살마하살의 거룩한 이름을 부르라 선전하고,
선망 부모님을 위해선 지장보살을, 어리석음 가운데 지혜를 위해선 문수보살을,
두려움 가운데 자비를 구하기 위해선 관음보살을 각각 찾아 모시라고 해야 할까?
(나는 잘 알지도 못하는) 북두칠성의 칠성각을 찾아 절하고,
이 금강경은 반야부 경 중의 으뜸 경經이니 잘 받아 지니면 선세先世의 악업이 감소하고,
이 반야심경을 잘 받아 지니면 원치 않는 악한 기운들은
반경 십이 유순由旬 안에선 범접을 못하며,
이 능엄주와 광명진언과 천수다라니를 외우고 독송하면
가지가지 악업들이 절로 소멸하니 절대로 소홀히 하지 말라고 하고,
그것도 모자라면 부적을 만들어
이 부적이 신묘한 힘이 있어 교통사고도 안 만나고
여러 비명횡사 요절을 피하게 해주니

사서 지니라고 하면 될 것이겠는가?

아아, 수자타야, 실로 슬픈 일이다.

나는 비록 나의 이 한 목숨이 저 금강보살의 금강저로 바수어져 가루가 된다 할지라도,

너에게 "오직 이 한마음이다"라고 말하고 죽으리라.

내가 전에 너로 하여금 관세음보살님을 부르고 생각〔念〕하면,

이 보살님의 위신력이 아름답고 원만하여,

소리가 나는 곳에 메아리가 울리듯 신속하고도 뚜렷하게 감응하여,

네가 꾸는 악몽이 끊어지고, 머리 위에 수리처럼 감도는 탁한 기운들이 물러가고,

불가사의한 신력의 가피를 입는다고 말하여, 네가 때마다 끊임없이 염불해 온 것을 안다.

수자타야, 그것은 네게 천주교의 습관이 남아 있어,

성모의 성상과 비슷한 관세음을 들어 너로 하여금 부처님의 분위기와 친해지게 하려고

가는 방향을 살짝 바꾸어 놓은 것뿐이었다.

하지만 이제 때가 되었다. 모든 것은 다 이 마음이다.

석가모니부처님도, 아미타부처님도, 비로자나부처님도,

문수보살도, 보현보살도, 관세음보살도, 지장보살도,

금강경도, 법화경도, 천수다라니도,

이 마음을 떠나고서는 만날 수도, 만나지지도, 만나서도 안 된다.

만약 이 마음을 떠나서 만나진다면 그것은 모두 마구니일 뿐이다.

하늘 위, 하늘 아래, 오직 나 홀로 뚜렷한 것이 있다면, 그것은 이 마음이다.

수자타야, 나는 이 마음으로 온갖 계戒를 만나며, 마음으로 온갖 계를 파한다.

나는 이 마음으로 온갖 선정에 들어가며, 마음으로 선정에서 나온다.

나는 이 마음으로 지혜를 구하며, 마음으로 지혜를 떠난다.

이 마음을 떠나서는 따로 단 한 물건도 얻지 못한다.

이것은 무서운 고독이다.

심각한 외로움이다.

이보다 더 궁극적인 외로움은 없다.

온 숲을 다 헤쳐 보아도 내가 이를 수 있는 곳은 그 숲뿐이다.

수자타야, 하지만 이것은 천당을 다 주어도 팔아서는 안 되며,

지옥을 몽땅 도려내서도 떠나서는 안 된다.

왜냐하면 마음만이 홀로 성성적적惺惺寂寂을 알기 때문이다.

일전에 어떤 이가 나에게 분개하며 강변했다. 천당은 실재하는 영원한 곳이고, 거기에만 가면 영생낙원이 틀림없다고…. 아니다, 결코 아니다. 수자타야, 이것은 그들의 가엾고 가소로운 소견이다. 그의 처음 반석인 베드로가 살아 돌아온다 해도, 베드로의 선생이신 예수가 다시 온다 해도, 만약 그들이 실상을 잘 알고 있는 깨달은 사람이라면 결코 그렇게 가

르치지 못할 것이다. 하물며 오늘날의 선생들이겠는가? 아침과 저녁으로 수고하는 것으로는 가상하다 할 것이지만, 결코 구하는 그 천당은 구해지지 않을 것이다. 눈먼 사람이 눈먼 사람을 대대로 이끄는 격이니, 눈 있는 사람은 웃을 일이다.

천당은, 지옥은, 말하자면 자기 습관이다. 자기의 습관을 자기가 느끼는 것일 뿐이다. 그 느낌이 좋으면 천당이라 하고, 나쁘면 지옥이라 하는데, 그것을 모르고 따로 영원복락의 천국이 있다고만 하니, 그 천당엘 가면 그 습관이 어찌 되겠느냐?

천당에 가서도, 좋은 것은 좋은 것이고 나쁜 것은 나쁜 것이다. 좋은 것과 나쁜 것을 가리는 이 습관에 의하여, 그는 설사 그 천당에 간다 하더라도 좋고 나쁜 것을 떠나지 못한다. 그리고 좋고 나쁜 것을 가리는 습성으로 인하여, 그는 반드시 그 천당에 가서까지 다시 천당과 지옥을 만든다.

이러한 놀이는 중중무진重重無盡하여 양자가 원자 속에 있고, 원자가 분자 속에 있고, 분자가 세포 속에 있고, 세포가 몸 속에 있고, 몸이 땅 속에 있고, 땅이 지구 속에 있고, 지구가 태양계 속에 있고, 태양계가 일천 태양계 속에 있고, 일천 태양계가 십만의 태양계 속에 있고, 십만의 태양계가 백억의 태양계 속에 있고, 백억의 태양계가 다시 하나의 양자가 되는, 몸집의 다른 세계 속에 들어 있는 것을 알지 못하여 내는 믿음들인 것이다.

밖으로 펼치면 한량이 없는 마음이 곧 우주이고, 안으로 접으면 한 티

끝도 들어가지 않는 것이 곧 이 마음이니, 이 마음을 떠나서는 지혜도 없고, 선정도 없고, 계도 없고, 유도 없고, 무도 없으며, 너도 없고, 나도 없다. 그런데 어찌 유독 천당과 지옥은 있겠느냐?

수자타야, 너는 이 유마를 만나, 그야말로 눈먼 거북이 바다 한가운데서 나무토막을 만난 것과 같은 인연으로 이 마음의 법을 듣고 있구나. 나는 너에게 지금까지 여러 가지를 속여 왔다. 속여 온 것이 한 둘이 아니라는 것은 내가 잘 안다. 너뿐만이 아니다. 만나는 사람들마다에게 나는 이 몸과 말과 뜻으로 오직 속임만 저질러 왔느니라. 하지만 이제 다시 속일 수 없는 법을 가지고 너에게 말하거니와 "일체는 다 이 마음의 소작이다 一切唯心造."

이 마음을 떠나서 따로 한 물건도 생기지도〔生〕, 유지되지도〔住〕, 변하지도〔異〕, 없어지지도〔滅〕 않는다. 이 마음에 그 어떤 정의를 내리느냐 하는 것은 전적으로 그 마음주인의 일이다.

이를테면 네가 악惡하면 악심이 된다. 악심이 따로 있어서 악심이 나오는 것이 아니고, 악한 생각과 말과 행동을 하므로 악심이 만들어진다. 이에는 그 반대급부가 있어 항상 괴로움이 따르나니, 곧 지옥이다.

또한 네가 선善하면 선심이 된다. 선심이 따로 있어서 선심이 나오는 것이 아니고, 선한 생각과 말과 행동을 하므로 선심이 만들어지는 것이다. 이에도 반대급부가 있어 늘 평안하나니, 곧 천당이다. 누가 있어 이 마음을 떼어 내고서 따로 천당이나 지옥을 만들 수 있단 말인가!

그러나, 수자타야, 나는 너더러 저들처럼 이러한 '좋고 나쁜 법〔유위법'을 숭상하라는 것이 아니다. 좋고 나쁨을 숭상하는 것은 유위법有爲法을 따름이다. 이 유위법의 최고선은 그저 하나의 천당행 티켓을 쥐는 결과가 전부이니라.

수자타야, 너는 저 유위법을 따르고 싶으냐? 그것[유위법]은 나그네의 법이며, 인연의 법이며, 여우의 법이며, 보상의 법이며, 유아幼兒의 법이며, 썩은 사과의 법이니라.

그럼 어째서 '나그네의 법'이냐? 그의 안락은 인연에 의하여 이루어진 것이므로, 언젠가 그 인연이 다 하거나 다른 인연이 찾아오면, 그 영광된 안락에서 나그네처럼 정처없이 떠나야 한다. 비록 수다원과를 얻었다 해도 천당과 이곳을 일곱 번은 오락가락 들락거려야 하는 수고를 해야 한다. 하물며 육단심[완력의]의 믿음으로 하는 이들이겠느냐? 그러므로 나그네의 법이라 한다.

그럼 또 어찌하여 인연의 법인가? 태어남이 있으면 늙음이 있고, 늙음이 있으면 병듦이 있고, 병이 들면 죽음이 있다. 이런 각각은 서로의 까닭으로 성립되나니, 그러므로 인연으로 이루어진 것이라 한다. 이것은 부처를 믿건, 예수를 믿건, 알라를 믿건, 또한 아니 믿건, 그것과 관계없이 이루어지는 현재의 진리이다. 이 진리에 의하여 모두는 태어나고, 늙고, 병들어 죽는다. 이렇게 말하는 것을 '보이는 법'이라 하고, 이렇게 말하지 않고 "그것은 모두 하나님의 섭리에 의한 것이다"라고 말하는 것은 '보이지 않는 법'이라 한다. 네가 눈이 있으면 '보이는 법'을 따르고, '보이지 않는 법'은 눈 없는 이들이 따르는 법이니 일절 관여하지 마라.

그럼 또 어째서 '여우의 법'이냐? 사자는 사람이 뼈다귀를 던지면 던진 사람을 물지만, 여우는 던져진 뼈다귀를 물고 즐기느니라. 그러므로 사자 같은 사람은 창조주를 만나면 창조주를 바로 추궁하지만, 여우 같은 사람은 창조주가 던진 창조물을 물고 더 이상 추궁하지 않으므로 여우의 법이니라.

또한 이것을 하여 저것을 바라므로 '보상의 법'이며, '믿으면 천당, 안 믿으면 지옥'이라 하는 천박한 소견을 내므로 '유아의 법'이며, 내가 먹다가 버린 것이므로 '썩은 사과의 법'이니라.

너는 부디 '주인의 법'을 따르고, '사자의 법'을 배우며, '무상無償의 법'을 즐기고, '썩지 않는 황금의 법'을 취하라.

수자타야, 이 마음으로 바로 들어가라. 다른 데로 돌아가면 피곤함이 없지 않으리라. 기왓장을 가지고 하루 종일, 일 년 삼백육십오일, 천년 만년, 갈고 닦아 보아도 거울을 만들 수는 없다. 모래를 가지고 태양을 끌어다가 태양이 전부 타들어갈 때까지 밥을 지어 봤자, 밥은 만들어지지 않는다.

수자타야, 이 마음으로 바로 들어가야 하느니라. 거기에 일상이 있고, 일상을 잡아먹는 블랙홀이 있고, 먹은 것을 토해 내는 화이트홀이 있느니라. 거기에 3차원을 지나 4차원이 있고, 10차원 또는 그 이상의 차원의 세계가 있느니라. 거기에 모든 생명점들과 존재점들의 무수한 생멸이 있느니라. 그리고 거기에 바로 네가 바라고 바라는 사랑이 포근히 잠들고 있느니라. 마음에 바로 들어가지 않는다면, 하는 짓마다 그건 다 기왓장으로 거울을 만드는 것이요, 이루는 족족 모래를 쪄서 밥을 만드는 것이라 남루하기 그지없으리라. 그런즉 오로지 이 마음으로 바로 들어가야 하느니라.

유마의 수행[삶]일기

  이 일기는, 불교와 전혀 다른 환경에서 성장한 고 김일수 님이 불교를 만난 뒤 자기자신과의 내면적인 갈등과 고뇌, 가족과 겪었을 외부적인 갈등과 고뇌를 이해하는 것, 또 다음 생에는 출가해야겠다고 다짐을 둘 정도로 불교에 심취하여 스스로 수행자로 자처했는데, 그가 새로운 가르침을 만나서 과연 어떤 생각으로 일상생활에 임했는지를 살펴보기 위해서다.
  고 김일수故 金一秀 님은 이 수행일기를 통해 인간적인, 또는 불자로 바뀐 내면의 가치질서와 사고방식을 진솔하게 잘 보여주고 있다. 그러나 한 인간의 삶을 앞에 두고 옳고 그름의 잣대로 판단하기 위해서가 아니다. 다만 그가 인간공동의 문제의식[고뇌와 갈등]을 가지고 치열하게 살다갔기에 그의 내면을 이해하여 타산지석의 교훈으로 삼기 위해서라는 것을 밝힌다. 한 인생이 남긴 삶의 궤적을 통해 남아 있는 사람들은 과연 무슨 생각을 해야 하고 하게 될까, 어떤 영향을 받아야 하고 받게 될까?
  2008년 1월 25일에 고 김일수 님의 부인 이성진 씨로부터 일기장을 우편으로 전해 받았다. 그의 개인적인 부문은 빼고 간추려 싣는다. 다만 독자들의 편의를 위해 문맥과 맞춤법만 조금 가다듬었다. 가능한 임의 체취를 그대로 살린다는 원칙을 정했기 때문이다.

편집자

1
1988년 6월 29일 수 22시

끊임없이 밀려오는 외로움, 나는 날마다 이 외로움을 몰고 그 그림자를 딛고 앞으로 가는 수행자이다. 정수리를 거쳐 온 몸을 휘감아 도는 외로움이 저녁 한때를 장식할 때, 나는 온통 황홀해지는 고독의 오르가즘을 만끽한다. 한 방울의 잉크로 고독을 고백하며, 한 올의 추억으로 고독을 감춘다.

마음의 공허함을 엿보는 낡은 추억이 빛 바랜 창문을 헤집고 들어올 때, 아! 어서 오라. 나의 벗, 벗들이여! 시간이 이렇게 곤히 잠들었을 때에, 그리하여 새벽이 다가와 모든 시간을 일깨우기 전에, 우리의 서러운 만남이 서로 부둥켜안고 입 맞추게 하자. 필경은 고독만이 남게 될 추억의 운명인 것을 예감하는 장한 아이가 되어야 한다.

철저히 두려움 없이 버티어 나가는 믿음 있는 자가 되기 위하여 모든 별빛에서 쏟아져 나오는 낱낱의 고독을 남김없이 쐬이리라.

부정과 긍정은 한 집으로 들어가는 두 개의 문이다. 혹은 앞문과 뒷문 사이라고 하자. 부정하지 않고는 긍정할 수가 없고, 긍정하지 않고서는 부정할 수도 없기 때문이다. 그러므로 궁극에 가서는 선(善, 긍정)과 악(惡, 부정)은 동거하는 것이며, 방종(부정)과 절제(긍정)는 무차별하고, 괴팍한 기행(부정)과 참선(禪, 긍정)은 방법상의 차이거나 형태상의 분류일 뿐이다.

그러므로 고정관념은 우습고도 무서운 것이다. 선善뿐이라고 하여 악惡을 탄압하는 것, 절제뿐이라고 하여 방종을 추방하는 것, 선禪뿐이라고 하여 기행을 경멸하게 하는 그 고정관념이 바로 모두의 적이다. 저 허공에 본디부터 고정된 것이 무엇인가?

거기에 고정된 것이라고는 아무것도 없다. 세워지는 대로 세워지고 눕히는 대로 눕혀지는 것이 바로 허공이다. 높은 것이나 낮은 것이나 허공의 입장에서 보면 평등한 것이다. 사람들이 되먹지 못하게 거기다가 '높다' '낮다' 하는 분별을 내고, 그 분별에 고정된 관념을 부여하는 것일 따름이니, 일컬어 어리석음이라 한다. 알아두라. 어떤 이는 약으로 살아나고, 어떤 이는 독으로 살아난다는 것을….

2
1988년 7월 1일 금 22시 50분

내가 '되는 대로 산다'고 하는 것은 삶의 방식이나 그 성실성을 말하는 것이 아니라, 삶의 정의를 말하는 것인 줄 그들이 알까? 사는 것에 의미를 두는 것이라고 하기보다 삶으로부터 의미를 찾는다. 결정되어 있는 것이라고는 하나도 없다는 안목이 있는 자만이 '되는 대로 산다'고 말할 수 있다. 얽매임이 없는 자유를 찾아 떠나는 여행자의 고독한 고백인데….

불만이 없을 수는 없지, 그러나 불만을 악화시키지는 마라.

불만에 고용 당하는 노예의 몸으로는 자유를 지키지 못한다.

좋고 나쁜 두 가지 감정에 오래 머물지 마라.
사랑한다는 기쁨 때문에 나는 더 이상 아무 곳도 여행할 수 없는 폐인이 되었다.

3
1988년 7월 2일 토 20시

짜증나는 하루였다. 가끔 밖으로 나와 먼 산을 바라보는 것으로 만족해야 하는 사무실이 그렇고, 갑자기 쏟아지는 장대 같은 비를 피하여 들어서는 만원버스 속에서의 만남들도 그렇고, 바로 이런 날, 숲속에서 일어났던 아득한 지난날의 추억을 고통스러워하는 것도 그렇고, 이럭저럭 한숨에 의지하여야 하는 인고의 한이 그렇고, 치근대는 머리통을 한 알의 진통제로 삭여야 하는 무기력함도 그렇고, 손녀 딸 같은 아이들과 격의 없이 어울려야 하는 어려움도 그렇고, 아아, 무엇보다 내 자신의 변덕, 때로는 투명하고 또 때로는 흙탕물로 굽이치는 간사한 심보가 더 짜증스럽다.

모든 것으로부터 돌아와 조용한 마음을 붙잡아 통곡을 하며 고백한다.
'마음이여, 나의 진정한 위안거리여, 내 너를 만나고자 이렇듯 방황하였거늘, 너마저 나의 외로움을 비웃으려 하는가?'

4
1988년 7월 3일 일

되풀이되는 일상 때문에 마음이 덩달아 거칠게 일어나, 혹 탐리貪利를 구하고 있는 것은 아닐까? 약간 더 편리해지고 조금 더 황홀해지려고 조금씩 욕심을 불러들이는 것은 아닐까?

버스를 타면서 소매 걷어붙인 젊은 아낙의 겨드랑이가 눈에 들어오면서, 칙칙한 방바닥에 드러누우면서 피곤에 물려 있다고, 욕망에 쫓겨 있다고 궁핍에 노출되어 있다고 자리다툼을 하고, 음욕을 즐기고, 소유를 상상하는 이것이 도대체 어떻게 생겨난 걸까?

허망한 것들이므로 죽음보다 먼저 쓰러뜨리겠다고 생각해온 것들에 의해 도리어 점령되어가고 있다니….

역시 생활과 수도는 섣불리 같이 할 수 없는 걸까? 수도자들이 세상을 피하여 공간적 이동을 하는 이유가 정녕 있는 것일까? 오관과 육식六識에서 수용되는 것들을 대하느라 이미 오장육부가 멍이 들었다.

5
1988년 7월 4일 월

돌아가고 싶다. 돌아가 의지할 곳만 있다면….

눈물이 솟구칠 만큼 고독하나, 천지를 밤낮으로 둘러보아도 의지하여

안주할 곳이 한 평도 없다. 아무나 붙들고 아무 곳에나 머물러 육신이 날라다 주는 만족감을 만끽하고도 싶으나, 이미 거기에는 허무의 귀신들이 모두 차지해 버렸는 걸…. 허공에 대고 아무 신의 이름이나 부르며, 그 전능의 힘에 의지하고도 싶으나, 이미 그때에는 신도 하나의 욕망의 대상인 걸….

아아, 이 외로움이여! 안주할 곳을 찾아 헤매는 넋의 울부짖음이 되기 싫어 깨끗한 믿음에 돌아가 의지하고자 했건만, 때마다 깨어지는 지계持戒의 업業 때문에 마치 흔들리는 바위 위에 앉은 고집쟁이 같구나!

6
1988년 7월 5일 화 19시

하나의 놀이이다. 인형이 아이들의 노리개라면, 인생이란 어른들의 노리개이다. 거기에 무슨 심각한 것이 따로 있을 리도 없는데, 사람들이 혈압을 높여가며 흥망을 따지고 행, 불행을 논하다니, 심히 어리석다.

어느 날 갑자기 자신이 낳은 아이가 교통사고로 죽고, 살고 있던 집이 넘어가고, 복권에 당첨되고 하는 일련의 사건에 걷잡을 수 없이 말려들어, 인생을 온통 뒤집어 흔들어 놓는 통곡과 웃음을 지어내지만, 아서라! 인생은 본디 하나의 놀이일 뿐이니라.

놀이가 끝나면 거기에 아무 의미도 없듯이, 인생이 끝나면 지나온 인생에 의하여 변화될 아무것도 없다. 그저 쓸데없이 기나긴 놀이에 취해 있던 우스움밖에 더는 없으리라. 그러므로 우리가 인생이라 부르는 이 삶에서 무엇을 얻을 수 있을까 기대하지 말자.

존재하는 것은 기필코 존재하고야 만다는 명제를 한치도 덜어낼 수 없다. 존재의 방법이나 형식이 인간의 모습이므로 인생이라 부른다면, 그대가 벌레의 존재함과 그의 삶과 궁극적으로 무엇이 다르랴!

7
1988년 7월 13일

- 결혼! 나하고?

안 돼.

다른 건 몰라도 그것은 못 해.

- 왜 안 돼요?

아저씬 그냥 가만히 있기만 하세요. 제가 하는 대로 그냥 계시기만 해주면 돼요.

- 이 녀석이!(쥐어박는다)
- 아야, 왜 자꾸만 머리를 쥐어박아요!
- 너, 언제부터 나에게 그런 흑심黑心을 품고 있었니?
- 아저씨가 결혼하지 않았다는 사실을 안 후에요.

처음 아저씨가 제게만 알려준다면서 결혼했다고 했을 때, 사실은 반신반의했어요.

그런데 알고 보니 나를 속였잖아요. 사기꾼예요, 아저씬….
- 년, 좋아하는 사람 있다고 했잖아.
- 아저씨가 더 좋아요.
- 어쨌든 반대다. 난 결혼 안 한다.
- 결혼을 안 하는 거예요? 아님 저랑 하지 않겠다는 거예요?
- 너랑은 하지 않겠다는 거야.
- 왜요? 왜 저하고는 안 된다는 거지요?
제가 너무 어려서요? 전 어린아이가 아녜요. 충분히 결혼할 수 있어요.
- 어이구. 내가 아마도 너 때문에 곧 사표를 내고 말지?
- (젖은 눈으로 뚫어지게 쳐다본다.)
- 왜 그러니? 제발 좀 그렇게 쳐다보지마.
- 아저씨가 도망가버릴 것 같아. 그래서 정말 이러지도 저러지도 못하겠어요.
- 그래 맞았어. 난 누가 이만큼 다가오면 저만큼 도망가고, 저만큼 물러서면 이만큼 다가오는 체질이야. 그러니 제발 나를 가볍게 대해 줘라.
- 정말 갈등 생겨요.(고개를 숙이고 가만히 앉아 있다.)
- (고개 숙인 모습을 촘촘히 내려다보면서 몹시도 가여운 생각 떨치지 못하여 그녀의 손을 잡아본다.)

성진 양과 한강변을 낀 장거리 데이트.
비는 억수같이 쏟아지는데….

난 도대체 무얼 하고 있는 걸까?

꼼짝 못하고 불려 다니는 너구리 한 마리지.

8
1988년 7월 17일 일

아침이라고 하기보다 정오에 잠을 깨고, 과자를 입에 집어넣으면서 꿈을 정리해 본다.

인생이 꿈, 인생은 꿈이라!

한 치의 어김없이 꿈이려니….

엊그제, 첫 일 치르느라 흘려낸 성진 양의 흔적을 지우느라 하얀 시트를 비비고 밟고 하느라 아침식사도 못하고 있는데, 창밖에서 부르는 소리, "일수씨!"

짜아식, 이젠 나를 제 또래의 친구로 삼을 참인가? 어느 새 아저씨가 '일수씨'로 변할 리 없을 텐데….

데리고 안양시내 이곳 저곳을 쏘다니다 어느 학교 마당 한 구석으로 들어섰다.

- 뭐 하러 아침부터 남의 집 찾아왔니?

- 시트 가지러요.

- 내가 다 빨았다. 무슨 흔적이 그렇게 많이 나왔니? 혼났어. 한두 방울도 아니고….

혹시 생리 중이었지?
- (고개를 숙인 채 설레설레)
- 그런데 그렇게 많아?
난 무식해서 모르지만, 아무리 첫 일이라 하지만 그렇게 많이 나올 줄은 몰랐다.
- (고개 숙인 채 말이 없다.)
- 세탁비 내놔!
-….
- 시트 가져다 어떻게 하려고?
- 세탁소에 맡기려고?
- 맙소사! 아예 그제 밤 나 이랬소 하고 공개하지, 그래.
- (울상을 지으면서 곧 울 것 같은 모습) 사실은 제게 병이 있어요.
- 무슨 병?
-…! …!
- 말해. 답답하게 입 다물고 있지 말고.
- (한숨을 쉰다.)…! 여자에게만 있는 병이에요.

몇 시간 후, 나는 그녀의 어깨를 감싸안고 말하고 있었다.

"걱정 마라. 나는 네 곁에 있다. 네가 오라 하면 오고, 가라 하면 간다.

네가 남자를 받아들일 수 없는 몸인 줄 알고서도 내가 너를 요구하진 못한다.

나는 짐승이 아니다. 믿어라! 나는 네 곁에 있다."

훌쩍이는 그녀의 어깨를 껴안고 그런 말을 한다는 것은 내게 어려운 일이었다.

9
1988년 7월 21일 목

난 이미 총명이 흐려진 사람이다. 그것을 아는 사람은 안다.
생활을 하고 있지만 총명하게는 못한다.

성진 양이 걱정스럽다.
오직 염려하고 무한히 가여웁다.
이 지나가는 나그네에게 오래 머물도록 간청해 본들….
차라리 그녀에게 돌봐줄 아무도 없다면 기꺼이 그러리라마는,
행여 꽃 같은 청춘, 나 때문에 스러진다면, 내 그 보상을 어이하리!
너무 내가 절제를 잃고 있었다.
참말, 이제는 이러지도저러지도 못하는 꼴이 됐으니….
사랑만 믿고 그것에 모든 의미를 주고받는 그 나이에야,
으레, 그러하리라마는 나야 어디 그런가?
결국 사랑도 너무나 공허한 것을….

10
1988년 8월 2일

아버님 65회 생신.
식구들 모두 '베린네'로 야유회.
아버지께서 간곡히 부탁하신다.
"오래 살 것 같지도 않은 느낌이니, 내 죽기 전에 장가들라"고!
괴롭고도 가슴 아픈 마음으로 들었다.

11
1988년 8월 3일

성진 양의 초췌한 모습, 가여워서 꼭 껴안아 주고 싶었으나 절제하기로 했다.
놓아주어서 놓임 받아야지, 암….
시간이 날 것 같아 만나자고 했지만, 죽어도 아니 될 만남일랑 하지 말자고.
큰 맘 먹은 뒤라….
그러나 그녀가 만일 집에 찾아와 문을 노크하면 거절할 수는 없을 것 같다.
어떻게 더 이상 그녀의 마음을 아프게 할 수 있단 말인가!

오직 그녀 스스로가 알아서 맞장구쳐 자제하기를 바랄 수밖에 없다.

12
1988년 8월 11일

강간, 사기, 난잡, 문란 등의 단어가 나갈 때마다 찢어지는 가슴.
결국 이렇게 해서라도 불균형을 무릅쓰고 치닫는,
성진 양의 무모한 애정을 가라앉혀야 한다니!
아아, 성진아! 나는 결코 강간하지 않았다. 남에게 사기치지도 않았다.
복잡한 적은 있었지만 난잡하지는 않았다.
젊디젊은 여자를 얻고자 하는 내 욕망도 스스로 훈계하고,
사랑 하나 믿고 처절하게 부딪치는 너의 희생도 물리쳐야 했던 나의 안타까움이,
그렇게 하도록 명령했다.

나이 들고 가진 것 없고 자랑스럽지도 못한 것은 틀림없고 보매, 순결한 너의 사랑을 받는 것이 부끄러울 따름이구나. 조그만 너의 가슴, 떨리는 너의 어깨 하나 감싸주지 못하는 나를 스스로 꾸중하고 또 꾸중하나니, 이 다음에 네가 성숙해지고 세련되고 건강해져서 좋은 사람 만날 그 바람으로 모든 걸 참고 있다.

이 밤.
참으로 가슴이 아프구나.

너의 경멸을 자극, 동원시켜야 했던 것이 눈물나도록 서럽구나.

줄 하나에 의지하여 살아가는 광대처럼 넘쳐넘쳐 고독하구나.

이제 다시는 내게 다가오지 않으려 한 너의 엄격함을 예감하노라니 외롭구나.

부처님과 그 법인 진리와 진리의 수레가 되는 승가에게 의지하는 종자로서 차마 못할 꾸밈이었다마는, 이제 나의 믿음을 굳게 하고, 뭇 중생의 경배를 받아 가시는 보살님께 간원하기는, 너의 건강한 몸과 마음을 돌이켜주시도록 하는 것뿐이다.

혹 나의 경건한 간청이 효험이 있어 그 바람이 이루어진다면, 나는 마치 집 없는 아이와 같고, 물이 없는 꽃과 같고, 어둠을 만난 소년과 같아 한없이 너를 안아주고 싶었다.

부처님과 그 법과 승가에 돌아가 의지하는 마음으로 너의 건강을 빌며…

13
1988년 8월 16일

헛된 것들.

다만 한때를 장식하고 사라지고 마는 놀이들.

그리고 사라질 때마다 서러워하고 통곡하는 감정들에 덧입혀져 상당히 부정확하게 보관되는 추억들.

비록 그 속에서 굴곡지게 살아가고 있지만 그러한 놀이에 빠져들고 싶지는 않다. 미망迷妄의 세계에서 감정과 모양의 동서남북으로 오락가락하는 간사함으로서는 삶이란 아무 의미도 없는 것이다. 그럴 바에야 차라리 남들처럼 '하늘'이나 섬기고 '땅'이나 바라보면서 그럭저럭 우습게 살아 버리지.

14
1988년 8월 24일

자초한 것이긴 해도 괴롭다. 몹시 부끄럽구나!

대승大乘의 여여如如한 묘학妙學을 궁구한다면서 기껏 방구석에서 계집이나 차고 뒹굴다니….

평등한 수학修學을 아직 얻지도 못 했으면서, 진속불이眞俗不二의 저 절대평등을 행한다는 것이었던가? 부끄러움을, 그 의미를 아는 자 치고는 너무나 쉬이 함부로 몸을 굴리는구나.

아! 방편이 없다는 것은 지혜가 없는 것이요, 지혜가 없다는 것은 막상 고요함이 없고, 고요함에 앉자고 하니 생사生死에 얽힌 오고감에 마음과 몸이 쏠리어 그만 쓰러지네.

성진 양은 아직 어려 견디어내기 힘들고, 나는 부끄러움 때문에 고개

들기 힘들고….

그녀에게는 누군가가 고백을 들어줄 사람이 필요하고, 나에게는 모든 것에서 빠져나가 홀로 자수自修함이 필요하다.

15
1988년 9월 2일

세상의 이치가 고르지 못해서가 아니라, 나의 관찰이 들쭉날쭉하기 때문에 불평등이 나타나고, 선택의 문제가 발생하고, 만족이 요구되고 희비가 생겨나고 뒤바뀜이 엮어져서, 드디어는 얽힌 실이 되고 만다. 세상을 보되 바르게 관찰하면 모든 것이 모양 그대로 평등한 것임을 꿰뚫어 보게 되고, 평등하기 때문에 선택의 문제가 사라지고, 선택의 문제가 아니기 때문에 만족을 위하여 생각하고 판단하지 않으며, 만족을 향하여 움직이지 않으므로 희비에 말려들지 않는다. 이렇게 할 것이 저렇게, 저렇게 할 것이 이렇게 뒤바뀌는 일이 없어진다.

이것을 좋아하지 마라. 저것이 싫어진다. 저것을 좋아하지 마라. 이것이 멀어진다.

16
1988년 9월 19일

참으로 게을러졌다. 일어나는 것이 어려워졌고, 드러눕는 것이 쉬워졌다.
믿음이 물러갈 때 혼돈 속으로 가라앉고, 그리고 광란이 온다.
믿음은 폭풍 일어나는 바다에 홀로 띄워놓은 조각배와 같다.
이름 없는 산사山寺에 가서 절 귀퉁이에 하나의 돌이 될지언정
세사世事에 길이 머물지 아니 하리라!

그들은 내가 색시 못 얻어 환장한 사람으로 보고 참 안 되었다 싶었는지는 몰라도, 나는 무소의 뿔처럼 혼자 가기 위해 몸부림치고 있는 중일세. 가질 것은 대승大乘의 믿음을 제외하고는 모두 악마의 선물일 걸세.
예수 그리스도를 보게나. 그가 만일 가지고 챙기는 것이 유익하였다면, 그토록 그를 따르던 사람들에게서 왜 아무것도 취하지 않았던가! 그는 단지 그들의 소박한 믿음 하나만 얻었던 것이네. 무엇을 하나 가지는 것은 그 즉시 발목에 쇠고랑을 하나 차는 것과 같네. 마음으로도 입으로도 가지지 말아야 하거늘 하물며 몸으로서랴!
무소는 뿔 하나 덜렁 달고 그 넓은 초원을 홀로 누비므로 거침없는 것이라네. 뿔은 믿음일세. 만사를 그 뿔 하나에 의지하여 헤쳐나가는 것이네. 뿔 위에 만일 관을 씌우면 씌울수록 거추장스럽고 무거워지네. 무소

가 사납게 흔들어 모든 것을 털어 버리는 까닭일세.

나는 무소의 뿔이고 싶네. 홀로 감에 넉넉한 믿음이고 싶네. 오감五感을 탈탈 털어내고 갈망정 오감을 위한 '나'가 아니고 싶네.

17
1988년 9월 21일

너는 무엇을 위해 사는가?
대승大乘을 위해 산다.
너는 무엇에 의지하여 사는가?
대승에 의지하여 산다.
너는 무엇을 굴리는가?
대승을 굴린다.

18
1988년 9월 27일

인연이 다하면 너풀너풀 떨어지는 머리칼. 그 무섭고 사납던 폭풍으로도 떨어지지 않던 것이, 그저 다만 인연이 다하였다고, 어깨 위로 내려앉는다. 저 머리칼처럼 무수한 생사의 인연! 나의 인연들!

나고 머물고 변하여 죽고, 나고 머물다 변하여 죽고, 되풀이, 또 되풀이…'.

머리 하나에 머리칼은 억사이라. 몸은 하나에 생사는 억겁에 걸쳤고, 그 낱낱의 나고 죽음이 머리칼의 생과 사라! 불가사의한 존재의 근원에 그만 질리고 만다. 공포! 공포!! 공포!!!

마침내 붓다의 거룩한 가르침에 돌아가 의지할 뿐, 믿음 이외에 달리 경이로움을 소화할 만한 철학이 없구나.

"시방삼세十方三世의 부처님이시여, 엎드려 부복하여 받들어 공경하옵나니, 부처님 예전에 사라쌍수 나무 아래서 뭇 중생들에게 맹세코 말씀하신 바, 누구든지 부처님의 이름을 한 번만이라도 부르는 자, 그는 이미 인연이 있는 자라고 하신 말씀에 의지하옵나이다."

오후 6시경.
서울역 광장 지하철 입구.
건장한 사나이 서넛이 우렁찬 목소리로 어깨띠를 두른 채 고함을 친다. "주 예수 그리스도를 믿으면 천당갑니다." 그러면서 부지런히 팜플렛을 사람들의 손에 쥐어준다. '예수 믿고 천당갑시다'라고 쓰여있는 어깨띠에는 'ㅇㅇㅇ교회'라고 되어 있다.

아마도 그런가 보다. '대제사장 가야바의 충복들.' 이런 느낌이 옳은지는 몰라도, 바로 그 역겨운 '조직의 운용자 편에서 매춰 당한 병정들'이라는 느낌이 퍼뜩 들었다.

그 날 예루살렘의 대제사장의 뜰에서도, 그 사람들은 그분 예수를 바로 하나님 야훼의 이름으로 골고다 언덕으로 몰아붙였다. 그 뒤에 민족, 선택민족이라는 거대한 조직의 파워가 실질적인 힘을 제공하고 있었고….

저 사람들, 새로운 예루살렘 성전 뜰의 장사치들, 이번에는 가증스럽게도 비둘기 대신 예수를 팔아먹는다. 그때 그 거대한 '하나님의 조직배'들이 몰려나와 예수에게 다그쳤다. "네가 진정 하나님의 아들이라면 그 증거로 기적을 보여라!" 예수의 대답은 단호했다. "이 성전을 헐라. 내가 사흘 안에 다시 짓겠다." 그들이—차라리 두려움에—조소한다.

"이 성전은 옛 사람들이 46년이나(오랜 세월을) 걸려 만들어 놓은 것인데, 네가 삼일 안에 짓겠다니 확실히 미쳤구나. 어디 십자가 맛을 보아라."

여기, 서울역의 이 청년들을 보라! 바로 예수가 그토록 헐고자 했고 반항했던 '조직'의 앞잡이들이 아닌가?

이들은, 자기들이 '예수님·주님' 하고 섬기는 그분이 다시 와서 왕이라 하고 그 성전을 헐라 하면, 조직의 문 앞에 서서 조직을 지키는데 커다란 이익이 있음을 알고 조직을 쫓는 자들이다. 왜 예수의 이름이 그토록 천박하게 시장화되고 저질화되어서 지하철역을 울려야 하는가? 자기들의 고성방가로 행인 중 단 한 사람이라도 예수의 이름에 역겨움을 가져온다면, 설령 백 사람의 찬동이 있을지라도 신중할 필요가 있음을 왜 고려하지 않는가?

그런 것은 상관없이 마치 듣는 남이야 어찌되었건, 나는 성령의 은사를 받았으니 외치면 그뿐이라는 그 무성의한 사고방식의 배경은 역시 조직, 그것이 원흉일까?

19
1988년 9월 28일

　몸이 있으니 몸으로 죄를 짓고, 그리고 그 몸에 죄의 결과를 받고, 죄의 결과로서의 고통과 사망의 번뇌가 일고, 와전된 공포가 일어나고…. 윤회다.

　몸이 있는 한 그것을 피할 도리가 없다. 근심은 부질없는 것이라고 하는 이유가 바로 여기 있다. 해 보았자 끊어지지 않는 생사이기에, 차라리 관조의 희열을 가지고 생사의 현상들을 바라보면 어떠하리! 이렇게 되면 오히려 지옥의 불도 따뜻하고, 번뇌가 곧 열반이요, 고통의 몸뚱어리가 그대로 도량道場인 것을….

　"삼가 삼보三寶께 믿음의 공양을 올리옵나니, 이 몸 만일 이대로 죽는다면 중생들에게 널리 이익이 되게 하시옵고, 그 공덕으로 다음 생에는 일찍 출가하여 선지식을 벗하여 열반을 향하게 하소서!"

20
1991년 1월 24일 목

미신론자.

곧 제 마음 밖에서 헤매는 자.

고정되지 않고 결정되지 않는 것을 붙들고, 한 가지 것에만 고집하여

그것이 곧 결정된 믿음이라고 하는 어리석음에 몰락해 가는 집안, ××敎
人 등등.
 어쩌다 본 환상―환상까지도 결정되지 않는 제 마음의 소산인 것을―
을 경험하고 신비주의자가 되어버린 노망 든 영혼들.
 그리하여, 허공에 꽃을 심겠는가? 쯧쯧!

21

1991년 1월 30일 수

신神이여.
이름, 명칭이야 어떻든지 올 테면 오고 갈 테면 가라.
오는 길이 있으면 그 길 따라 오고,
가는 길이 있으면 그 길 따라 가야겠지.
내 마음이 움직이면 달도 따라 움직이고,
내 마음이 머물면 만경창파 위의 그 달도 머물더라.
내가 그대를 그리는가, 그대가 나를 그리는가!

22

1991년 2월 1일

세상을 탐착하여,

세상을 못 떠난 혼이었나.
만법萬法이 이 마음에서 나오건만,
마음은 정작 오간 데 없네.

23

1991년 2월 3일

아내의 투정, 근심도 나름대로 절실한 까닭이 있으므로 귀를 기울여 본다.
세상은 그런 투정, 근심을 까닭으로 삼아 참아야 하는 곳이기 때문이다.
어찌 알랴!
일생에서 언젠가 육체가 사그라져 가는 극단적인 아픔도 참지 않으면 안 될 경우가 있을지!
하여,
참음을 익혀 두어야 하는 것으로 모든 소리, 냄새, 맛을 접촉하도록 하자.
나는 그런 의미에서
믿음을 지켜나가고자 한다.

청계사에 가서 상아빛 얼음에 잠겨있는 감로수를 뜨고

귀명삼보歸命三寶의 송頌을 읊조리고,
점심공양을 들고 왔다. 아내와 장모까지.

24
1991년 2월 6일 수

사표 제출.
'나'는 있거나 없거나, 있기도 하고 없기도 하니, 만일 '내가' 있다면 궁구할 것도 있고, 만일 '내가' 없다면 궁구할 것도 없다.
그러나 문제는 '나'로서는 '나'를 있다 없다 등으로 사고할 수 없다는 점이다.
위대한 방편으로가 아니면 '나'는 언제나 사고思考 속에서 머물기 때문이다.
고로, 침묵이 다소 위안을 준다. 언어를 찾아내는 것이 아니라, 언어를 잊어버리는 것이 훨씬 많은 것을 생각대로 설명해 준다.

25
1991년 2월 8일 금

마음은 파도를 타고 떴다 가라앉았다 하는 것.
혹은 구름을 타고 모였다 흩어졌다 하는 것.

혹은 몸을 받고 태어났다 죽었다 하는 것.
혹은 핸들을 잡고 달렸다 멈췄다 하는 것.
마음은,
원숭이를 닮은 것을 보면 원숭이라 하고,
아름다운 듯 하는 것을 보면 곱다고 하고,
미운 짓 하는 것을 보면 침을 뱉고 저주하는 것.
아아, 마음은….
그러나, 오직 타고 가야 하는 큰 수레인 것.
천당도 극락도, 야훼도 알라신도, 그리고 믿음도 불신도,
모두 이것으로 인한 것.

26
1991년 2월 12일 화

종종種種의 상(相, 모양)이 묘한 이치를 잘 나타낸다.
암컷, 수컷. 미세한 것, 거대한 것. 우락부락한 것, 고운 것….
이게 다 마음이 작용하여 만들어 낸 것 아니랴!
그러므로 알아야 한다. 모양은 마음이 현재를 그렇게 표현한 것임을.
어떤 것은 솜씨 좋은 화가의 작품이요,
어떤 것은 재주 없는 무뢰한의 그림이라는 차이는 있어도,
표현된 것만은 분명하다. 어디 겉모습(外樣)뿐이랴!

생각, 뜻, 상상으로도 마음은 작품활동을 어김없이 한다.
만일 그대가 동물적인 생각을 할 때,
그대의 겉모습이 미처 생각만큼이나 빨리 바뀌어지지 않는다고,
'나는 이런 사람이다!'라고 믿거나 우기지 마라.
뿌려진 씨는 자라서 그 종자대로 열매를 맺나니,
시간으로 다소 위로를 받을 수는 있을지언정,
정녕코 생각한 그 한순간의 업력業力으로 인하여 동물이 되리라.
그런 까닭에 어리석은 그대여,
현재의 사람이 곧 동물이 되리라는 것은,
현재의 물이 곧 얼음이 되듯 하는 이 이치로 보아,
해괴하다거나 거짓말이라고 설하지 마라.
오직 그대의 이치가 모자람을 탓하여야 하나니,
'사람됨'을 공부하지 아니하고서 '사람됨'을 선포할 수 없느니라.

27
1991년 2월 14일 목

대승大乘을 믿는 자만이 세계를 관觀할 수 있다.
대승이 무엇인가?
곧 이 마음에 대한 창문인 것이다.
세계를 정밀하게 쪼개는 기계를 가지고도 세계는 드러나지 않는다. 모

든 종류의 세계는 모든 종류의 마음이므로….

그러나 나로서는 전폭적인 믿음을 도저히 일으키기 어려운 대목들이 있다.

실로 혼란이 믿음보다 먼저 일어나는 대목들, 즉 무명無明은 왜 생기는 가 하는 것.

즉, 본래 부처라면, 부처에게 왜 무명이 엄습하는가 하는 문제로서,

마치 창조론에 있어서 창조자의 근원이 의심스러운 것과 같다.

그렇지만 혼란이 오래가지는 않는다.

세계의 처음과 끝은 적어도 지금의 나로서는 궁구할 실익도 시간도 없기 때문이다. 확실한 것은, 바르게 믿는 것이야말로 보다 유효하게 지속되는 최상승의 방편이 된다는 것이다.

창 밖의 사람들도 언젠가는 이 안으로 들어와서 쉬게 되리라. 텅 빈 이곳에서 스스로를 비우는 것이 신에 매달려 전지전능의 슈퍼파워를 의지함보다 편안함을 알게 되리라. 그가 만일 열매를 딸 수 있도록 성숙한다면….

마음의 도리를 모르고서 하는 모든 우리들의 삶 속에 이루어지는 행위는 단언컨대, 미신未信이고 미신迷信이요, 그런 까닭에 어리석음이라!

28

1991년 2월 19일 화

꿈이런가, 인생이여!
삼분의 일은 그렇다고 하자.
삼분의 이는 무엇인가?
현실이라고 둘러보니 금방 꿈결 속에서 헤매니,
참말 알다가도 모를 인생이여!

29

1991년 2월 20일 수

목숨을 사랑하지 마라. 죽음을 두려워하게 된다.
피할 수 없는 것을…, 피할 수 없는 것이라 하지 않고
맞이하는 것이라 부른다.
죽음을 소홀히 하지 마라. 깨달음이 없게 된다.
기필코 얻게 되는 것을…,
땅을 딛고, 하늘을 이고, 물과 흙으로 된 것을 먹고,
호흡을 하고 있다고 이 세계만이 유일한 것이라고 찬양하지 마라.
인연의 세계는 다만 있다 없다 하다가,
도로 제자리니라.

30
1991년 2월 21일 목

아버지 전화, 건강 안 좋으신 듯.

어젯밤, 무지막지하게 어떤 어린아이와 아내를 구타하는 꿈을 꾸고 비명을 지르며 깨어나 보니 한밤중이었다. 곤히 자고 있는 아내를 보고 적이 마음이 놓였지만, 그래도 미안함이 여전하여 가만히 머리를 쓰다듬고 안아 주었다.

나는 꿈을 그저 꿈으로만 버려 두지 않는다. 그것도 하나의 엄존하는 현실이라고 생각하기 때문에, 정복되지 않는 현실 앞에서 괴로워하듯, 정복되지 않는 꿈으로 심각해지기는 매 한가지이다.

깨어있는 의식의 반대편에서 활동하고 있는 또 하나의 의식활동〔꿈〕으로 한편의 세계에 있는 것을 어찌 부정하랴. 꿈과 현실은 밤과 낮처럼 분명하므로, 무엇으로 이것은 가짜, 저것은 진짜로 간주할 수 있으랴!

꿈에서 내가 만일 살인을 했다면 나는 살인한 것이고, 또한 살인자다. 살인자가 감방에서 천사의 꿈을 꾸는 것과 무엇이 다르냐. 오로지 정진의 수행력만이 완벽하게, 생·사生死, 현·몽〔現實과 夢中〕을 자유롭게 왕래할 수 있다.

시施, 계戒, 인忍, 진進, 지관止觀으로….

31

1991년 3월 8일 금

아버지, 어머니 어제 상경. 오늘 아버지 적십자병원 입원.

32

1991년 3월 18일 월

아버지, 적십자병원에서 퇴원.

33

1991년 4월 2일 화

인도대사관, 비자 신청.

문득,
 나는 꿈을 꾸고 있다는 생각이 들어 사람과 사물을 가만히 보니, 참 신기하게도 그것들이 지나쳐 간다는 생각이 든다. 어떻게 이런 꿈을 내가 꿀 수 있을까! 현실 같은 꿈을….
 물은 흐르거나 아니면 고이고, 돌은 굳어 있거나 아니면 부수어지고, 사람들은 움직이거나 내게 말을 걸기도 하네! 사실은 꿈속에서 내가 만들어 놓은 세계와 조금도 다름없음을 조금만 관찰하면 금방 알 수 있는 것을….

무엇이 꿈을 꾸고 있는가?

마음이 꿈을 꾸고 있다.

산도, 물도, 사람도, 그림자도 필요한 것은 다 만들어서, 마치 요술나라의 철없는 열일곱 살 공주처럼.

34
1991년 4월 3일 수

어제, 어떤 화물차 운전사와 길 한복판에서 자동차를 세워놓은 채 멱살을 잡고 싸웠다. 숨이 차 올랐다. 나중에 알았지만, 이길 수 없는 싸움이었다. 그는 문수보살이셨다.

그의 실체인 듯한 멱살을 잡았기는 했지만, 도저히 쓰러뜨릴 수는 없었으리라. 사실은 내가 실체 없는 허공을 잡고 씨름하고 있었음을 깨닫고 만 것이다. 왜 실체가 없다고 하는가?

분노, 성냄의 자성自性이 없고 대상도 있을 수 없기 때문이니, 이러한 깨달음의 한 파편도 보살의 경지에 서지 않으면 나에게 설해 줄 선지식이 없기 때문에, 그가 곧 문수보살이셨던 것이다.

그리곤 나는 그 문수보살과 악수를 하였다. 성냄의 실체가 없다, 존재하지 않는다고 하는 뚜렷한 증거였지 않는가? 만약 존재한다면 어떻게 분노가 그 대상과 악수를 한단 말인가?

나는 안다. 바로 이 마음이 마음대로 하고 있는 것임을….

창밖에 빽빽이 서 있는 아파트를 보고 있다. 만일 한 마음을 들었을 땐, 저 아파트가 그대로 쥐구멍이다.

그대, 이것을 아는가?

35

1991년 6월 23일 일

꼭 설명을 들어야만 그렇다고 손뼉을 치겠는가?

꼭 분석적 해석결과에 의지해서만 자리를 찾아 앉겠는가?

어지럽다. 뭔가 불결한 것으로 몸이 채워진 듯, 혹은 그 위에 누워있는 듯.

짙은 안개가 낀 백사장에서 사방을 찾아 헤매 듯….

절망감에서 눈물이 나온다. 모든 것을 잊고자 잠을 청해도 이 답답한 경계가 거두어지지 않으므로 소용없는 도망질이다.

오로지,

홀로 있고 싶다.

홀로 서고 싶다.

36

1991년 6월 27일 목

신천리 고모부 59회 생신이라고 장인어른 연락, 아내와 참석. 도로포장 덜 되었음.

자신의 에고를 위하여 필요한 논리, 그 논리 자체에 객관성을 부여하기 위한 학문.

그리하여 누가 더 논리적인 방법을 사용했는가가 각각의 에고 사이의 우열이 결정되도록 묵시적으로 합의를 유도하고 있다. 그러고서는 결코 논리에 의하여 농단될 수 없는 진리의 세계에서까지 논리적 기술로 정복하여 왕위를 누리고자 한다. 내가 옳다는 에고이즘을 위하여 논리적으로 멋진 비유법까지 써가며….

나는 말하고 싶다. 아무리 객관적·논리적인 입장을 지켜가며 자기를 증명해 나간다 해도, 자비가 아니면 울리는 꽹과리일 뿐이라고.

그러므로 예수교에서 말한 위 표현은 모든 논리구사의 달인들에게 얼마나 알맞게 해당하는 말인가! 그런데 바로 그 예수교가 이제는 거꾸로, 심지어는 비논리적인 것까지 유감 없이 동원하며, 기독교 에고이즘을 만족시키려고 발악하는 것을 보면, 사람의 구원은 옷에 있지 아니하고 벌거벗은 몸뚱어리에 있다는 생각이 든다.

37
1991년 7월 1일 월

마음이 시키지 않고 한 일은 하나도 없다. 내 평생에….

기억조차 희미한 먼 어린아이 시절부터 오늘 이 순간까지 마음을 쉬게 해 놓고 호흡을 한 적은 한 번도 없다. 참 묘한 이치가 아닐 수 없다.

인생이, 이 기막히게 리얼하고 우여곡절 있고 굵으면 죽을 것만 같은 인생이 마치 어린아이가 백지 위에다 아무 생각 없이 색칠하는 단순한 놀이에 불과하다는 사실을 알았다. 그리고 나서는 이 또한 마치 산골 어린아이가 새로운 놀이기구를 발견한 것처럼 근사하고 신기한 것 같구나! 마음의 놀이 말이다.

예전엔 정말 무소유無所有의 원리로만 존재법칙을 삼았음이 분명한 이 마음의 묘용妙用이, 언제부터인가 전기를 만들어 에너지를 개발하여야 하는 수고로움이 보태어져, 밤에도 밝게 보는 번거로움과 어리석음이 그만 마음을 퇴화시켜 놓았구나.

그대, 마음을 알고 싶은가?

자신이 지금 무엇을 하고 있는지를 들여다 보라. 그 하고 있는 것이 바로 그대의 그때, 그곳의 마음이다. 색깔도 분별도 없는 마음이므로 하고자 하는 일에 아무 걸림이 없어서 살인, 강간에서부터 자비의 베풂, 희생까지 닥치는 대로 이루는 것이니라. 이 마음의 종종種種을 굳이 구별하기 위하여 남을 죽이는 것을 중생심衆生心이라 하고, 살리는 것을 불심佛心이라고 가르는 것뿐, 사실 그 둘에 있어 차별이 본래 있어서 그러는 것은 아니다.

38
1991년 7월 5일 금 맑고 더움

아내의 입덧이 사그라질 줄 모른다. 얼굴이 핼쑥해졌다. 가엾지만 어찌하랴.

아버지 생신이 다가오는데 걱정이다. 돈도 다 바닥나고, 자동차를 팔아버릴 생각인데, 아내가 반대한다. 나는 그저 되어 가는 대로 증增이면 증, 감減이면 감하는 대로 살고 싶은데, 아내는 그렇지가 않은가 보다. 새벽녘까지 이리뒤척 저리뒤척 잠 못 이루다가 겨우 잠들만 하면 시끄러운 소리가 나고….

종교라는 것은 이를테면 병원과 같은 것이다. 병원이 육체의 병을 인하여 생기는 것과 같이, 종교는 마음의 병, 곧 두려움·불안·초조·성냄·무자비·악몽 등을 인하여 생겨난 구조, 혹은 조직이나 적당한 논리에 지나지 않는다.

그러면 왜 신을 찾는가? 그것도 기왕이면 무소불능無所不能에다가 전지전능全知全能이며 창조적인 역할까지 감당한다면, 그 얼마나 믿음직한 안식처이고 의지처가 되겠는가!

그러나 신이 필요한 것은 인간의 완전한 마음이 아니라 불완전한 마음이다. 그것은 떠다니는 마음이며, 흩어졌다 모였다 하는 마음이다. 정말 신이라도 있어 이러한 마음들에게 의지처가 되어 줄 수만 있다면, 허수아비라도 신을 만들어서 그런 마음들로 하여금 위안이 되게 하는 방편을 어찌 마다 하랴!

그러나 비록 돌고 도는 마음으로나마 잠깐이라도 한 번 눈을 떠보면, 그것은 다 이 마음이 불러내는 형상신形相神이지, 일단 그 마음을 걷우고 나면, 설령 진짜로 신이 있다 한들 나와 무슨 상관이리오. 마치 병 없는 사람에게는 병원도 의원도 필요없는 것처럼….

그러므로 저 유대 땅에서 어쩌면 고독하게 살다 억울하게 죽어가면서도 아무런 원망도 없었던 예수의 그 말씀, "내가 의인을 부르러 온 것이 아니라 죄인을 부르러 왔다"고 한 것은 참으로 정직한 말이다. 예수가 예수 자신을 구원할 아무 의미가 없는 것처럼, 마음에 흠이 없어 모든 유무有無를 떠난 수행자에게 도대체 신이 무슨 말라비틀어진 하나님이요 야훼란 말인가.

39
1991년 7월 7일 일

유승희 차장 내방, 내일부터 신도림동에 있는 현대정공 부장으로 출근하게 되었다고 인사차.

세상살이는 마약과 같은 것이다. 하면 할수록 점점 더 깊이 빠지고 그리하여 끝까지 안 할 수 없게 만들고는 죽여버린다. 몸으로 비롯된 것에는 이러한 흠이 있다는 것을 알고 너무 으스대지 마라. 결국 죽는 것으로 끝나는 연극인 것을….

어떤 진지함을 갖고 최고의 긴장을 하고 철두철미한 성취개념으로 무장한다 해도 죽음에 의해 무장해제 당하고 나면 헛수고만 남는다. 당연히 돌고 도는 운명을 면치 못한다. 이러고도 그대는 아직도 그대의 믿음에 전 생명을 걸 텐가? 세상살이도, 신도, 믿음도, 그 어떠한 것도 그대 자신의 업력에서 구해주지 못한다. 관찰을 시작하라. 서둘러라!

정말로 최고의 순위로 하여야 할 것은 관찰하는 일이다. 대상을 무엇으로 하든지, 설사 돌멩이일지라도 그대의 관찰로서 밝혀지는 비밀이 갖추어져 있으리라. 관찰이 어렵다면 기도부터 해도 좋다. 그러나 꼭 관찰을 해야만 한다.

40
1991년 7월 9일 화 흐림

아버지가 걱정된다. 전화 목소리가 어쩐지 불안하게 들린다. 기우일까? 연세대학교 병원으로 모시고 와서 수술 가능성 여부를 알아보고, 가능하다면 수술시켜 드려야겠다. 이젠 돈도 바닥이 나서 며칠 못 가 꼼짝할 수도 없을 것 같다.

인도수출만 기다리다가는 굶어 죽기 알맞겠다. 취직이나 해버릴까 생각도 들지만, 남자가 배알머리 없이 조금 어려우면 편해질 생각만 하며, 이기심에 종노릇하게 되는 것 같아 그냥 '죽었습니다' 하고 버텨나가기로 했다.

목숨을 바치지 못한다. 이 하루살이 같은 목숨이 '내 것'이라고 아깝다고 내놓고 살지 못한다. 이미 '나'도 없거늘 '내 것'을 생각한다. 그것은 그만큼 '남'과 다투어야 하고 탐내야 하고 그리고 성깔을 부려야 한다.
몹시도 슬프다.
기운도 빠진다.
엎드려 울고 싶다.
아, 정말 나는 되어 가는 대로 살지 못하는가? 바람에 흔들리고 고요에 잠드는 나뭇가지, 그 끝 언저리에 매달린 잎사귀처럼….
도대체 나는 언제쯤에야 불 밝힌 밤을 차지하여 깨끗하고 정갈한 시 한 수 읊어 볼까! 바늘 끝 하나도 허용하지 않는 고요 속에서, 지금쯤 아픔 때문에 잠도 제대로 못 이루는 이들을 위해 기도하는 시간을 언제면 가져 볼까!
내가?
후훗, 우습다.
앞서 달리는 자동차가 조금만 서툴게 달린다고 생각되면 이 새끼 저 새끼하며 별 성깔 다 부리는 내가 말인가?

은행에서, 병원에서, 시청에서, 여기저기에서, 혹시 눈 깜박이는 새 누가 내 차례를 빼앗지 않았는가 하고 극도로 긴장하는 내가 말인가?

41
1991년 7월 10일 수 맑고 흐리고 맑음

유난히 아버지 생각이 난다. 약은 받으셨는지, 이렇게 바라만 보다가 평생 후회할 것 같다.

돈을 빌려서라도 수술준비를 서둘러야 하겠다.

42
1991년 7월 11일 목

'내 마음이여, 깨닫거라!'고 주문을 외워도 깨달음은 이루어지지 않는다. 돌멩이를 물속에 넣으면서 '돌이여 뜨거라!'고 주문을 걸어도 돌이 뜨지 않는 것처럼….

'내 마음이여 성내지 마라!'고 주문을 걸어도 성냄이 없어지지 않는다. 기름을 물 위에 흩뜨리면서 '기름이여 가라앉아라!'고 주문을 외워도 기름이 가라앉지 않는 것처럼….

그대여,

'하나님이시여 나를 용서하시고, 나를 구원하소서!' 하고 정성을 다하

여 주문을 외워도 그것은 이루어지지 않는다. 또한 '하나님이시여, 내 이웃을 내 몸과 같이 사랑하게 하여 주소서!'라고 평생을 조석으로 빌어도 사랑하게 되지 않는다.

  어리석음이 돌과 기름 같아서 스스로 그것을 알지 못하면, 모래로써 밥을 짓는 짓을 무한히 계속하리라. 그러니 차라리 '하나님이시여, 내 몸에서 생긴 병을 낫게 하여 주소서. 내가 괴로워 죽겠나이다!'고 기도하는 것이 훨씬 낫다.

  어리석음을 벗하여서는 끝내 진리를 소개받지 못한다. 아무리 주기도문을, 아미타불·관세음보살을 밤낮으로 외워도 뜻이 이루어지지 않는다. 우리에겐 오직 실천적 깨달음만이 의미가 있다. 가지 않으면서 간다고는 말을 못한다. 간다는 행이 없으면 '거기'는 영원히 '여기'가 되지 못한다.

43

1991년 7월 12일 금

  상철에게서 전화, 요셉이 급성백혈병에 걸렸다고, AB형 혈액 보유자 찾아달라고.

  오죽 당황했으면···.

44
1991년 7월 13일 토

매형한테 부탁해서 적십자 김경수 씨를 요한이와 함께 만남. 아내와 함께 진천사에 가서 '요셉을 위해 부처님께 발원'드리고 옴. 물도 뜨고.

정작 그리스도인들이 그리스도를 모른다. 그들은 단지 '교회'만 알고 '교회'에만 모이고 '교회'에서만 예수를 모신다. 예수가 '의사 슈바이처'의 모습으로 아프리카에서 살았다고 한다면 당장에 신성모독이 된다.

예수가 '도살장 백정'의 모습으로 옆집에서 평생을 살았다고 하면 당장에 개종해 버릴 것이다. 그들은 예수가 '꼭' 유대 땅 베들레헴 마구간에서 태어났다고 해야 하고, 골고다 언덕에서 십자가에 못 박혀 죽어야만 한다고 한다.

그렇지 않으면 아무것도 인정하지 않는다. 아무튼 자신 없는 논리까지 창조하여 열정으로 모든 걸 덮어 버리고자 애쓰는 것과 같다. 그러나 분명한 것은 '그 예수'는 돌아오지 않는다. 사라쌍수 나무 아래에서 열반에 드신 부처님께서 다시 돌아오지 않는 것처럼….

너무 모르고 있다.

예수가 언제 태어나고 죽기라도 했단 말인가? 신이 언제 태어나고 죽었다가 부활하고 하는 의미 없는 짓거리를 인간에게 보여주리라고 작정할 만큼 심심한 존재라는 것을 나타내기라도 했단 말인가?

볼수록 안타까운 생각뿐이지만, 어찌하랴! 물이 없으면, 시큼한 귤을 상상하게 해서라도 목을 축이도록 할 수밖에….

45
1991년 7월 15일 월

붓다, 샤카무니 붓다.
오, 붓다이시여. 나의 스승이요, 벗이요, 의사이시여.
온갖 신성神性도 성聖스러움도 벗어버리고 홀로 뭇 생명의 고통을 담당하심으로 나의 벗이 되는 분이시여, 한 생각만으로 영원을 파악하시되 우주의 전 빗방울의 수효를 헤아리시는 지혜를 버리시고, 내 옆에서 백정의 업을 가르쳐 주시는 나의 진정한 스승이시여!

46
1991년 7월 17일 수

처갓집 오디오, 아내가 졸라서 빌려옴. 고집은 알아줘야 함.

산, 바다, 별, 사람, 빌딩….
물건으로 보인다고 실재한다고 생각하고 있지만, 막상은 '텅 비어 있음

[쏢]'을 알고 있어야 한다. 약간 놀랍기도 하고 신비스럽기까지 하겠지만, 법칙은 그러하다. 내 몸을 투과하는 수많은 전자파·광자파들은 만일 내 몸이 실제로 텅 비어 있지 않다면 통과할 수가 없는 것들이다. 보기엔 얼핏 밀집된 세포며 빽빽이 들어선 뼈다귀 등등이 꽤 빈틈없어 보이지만, 어디까지나 '나의 개념'일 뿐, 사실은 바람이 그물사이를 거침없이 드나들 듯, 전자파들은 아무런 장애를 받지 않고 우리 몸이며 빌딩이며 허공을 헤집고 다닌다. 중성자탄을 보라. 건물을 쉽게 통과하여 그 속의 생명체를 살상한다 하지 않는가. 방사선을 보라. 우리 몸을 마치 익숙한 여행자처럼 여행하고는 보고서를 써내지 않는가. 진리라는 말은 공쏢에나 써야 한다.

47
1991년 7월 20일 토

안심이 될지 모르지만 일체가 꿈이다. 모든 것, 모든 일이 꿈이 아니라고 입증할 수 없으므로 꿈일 수도 있다는 것이 확대 발전하여 '꿈이다' 라고 하는 것이 아니다. 일체가 진실로 꿈이므로 그렇다는 것이다. 상대성의 문제일 따름이다. 중생의 눈, 미혹된 눈으로는 진짜로 보이고 현실로 인식되지만, 보살의 눈, 깨달은 눈으로는 일생이 잠꼬대에 불과하다.
 하나의 현상을 꿈으로 보던가 현실로 보던가는 이제 더 이상 일의적-

義的으로만 취급되어져야 할 아무것도 없다는 뜻이다. 일체가 꿈이라고 해서 너무 그렇게 위안을 삼지는 마라. 깨어나지 않는 꿈이란 현실과 다름없는 고통을 감각하여야만 하는 것이므로….

현실이 아니므로 꿈이라고 표현했을 뿐, 실제로는 진한 고통을 연속하므로 위험은 실제상황과 다름없이 전개되므로 심각성은 충분히 있다. 꿈이라고 깨닫기는 했지만 그냥 꿈속을 달리기는 마찬가지다. 꿈을 벗어나려고 꿈속을 달린다고 꿈을 벗어나는 것이 아니다. 실제로 깨어남이 있어야 꿈을 벗어난다. 깨어남은 죽음이 아니다. 죽음이란 그냥 꿈속 달리기일 뿐이다. 그러므로 죽어서도 꿈을 벗어나지 못한다. 다시 태어나는 꿈을 꿀 뿐이다. 꿈이라는 것을 알고, 헛것을 마주하고 있음을 알고, 움직임을 거두고, 그 속의 땅도 하늘도 길도 벽도 사람도 다 조작된 망상임을 확실히 알고, 깨어나는 것만이 꿈이었음을 아는 유일한 방편이다.

48
1991년 7월 22일 월

어제는 이불 근처로 다가오는 개미보다 작은 벌레 한 마리를 본능적으로 엄지와 검지 사이에 넣고 비벼버렸다. 아차 싶었을 때는 이미 조각난 부스러기들이 방바닥에 버려지고 있었다. 억만 겁을 수행해온 불살생의 계를 단 한순간에 파해 버리는 허무한 순간이었다. 그토록 조심하며, 행여 길바닥의 개미 한 마리 밟혀 죽지 않나 하여 살피며 걸었고, 심지어 바퀴벌레의 번성에도 어느 정도 관대하게 대하여 왔던 모든 수고가 그저 하나의 헛바람 든 풍선이요 위선이었다고 폭로되는 말로의 순간이었던 것이다.

오늘은 쓸데없이 똥 폼 잡느라고 쥐뿔도 없는 주제에 월부 20여 만원씩이나 들이면서 6개월 전에 구입한 자동차의 성능이 아직 이상 없는지 거듭거듭 확인하느라 냅다 밟고 달렸다. 그러다가 어느 순간인지도 모르게 윈드브러쉬 사이에 고추잠자리 한 마리가 끼여 즉사하고 말았다. 자동차를 조심스레 한쪽에 세우고 내려서 혹시나 하고 살펴봤더니, 역시나 날개 한쪽은 통째로 날아가고 헤진 살집이 벌겋게 드러난 채 죽임을 당해 있었다. 쓸데없는 무용한 짓거리로….

나는 그렇다고 내가 이렇게 그들의 죽음에 살해자로서 고통스러워 여기 고백하고 있다고 해서, 아직 만나보지도 못한 그 낱낱의 생명들을 사랑하고 있다거나 불쌍히 여기고 있다거나 존중하고 있다는 생명존중사상을 암시하려고 하는 것이 아니다. 나는 전혀 그런 것을—남의 생명을 사랑하는 것 등등—내 차원에서 익숙하게 정리하지 못한다. 아니, 나는 그런 것을 모른다. 오직 내가 걱정하고 분하게 여기는 것은 그들의 애꿎은 생명이 아니라, 내 자신의 오래된 습관이 허물어짐으로 인해서이다. 불살생의 계가 파해졌다는….

49
1991년 7월 24일 수

 진리는 참과 거짓을 떠난 것이다. 사악함과 선함도 떠난 것이다. 이것은 옳고 저것은 그릇되다 하는 변론에서, 마치 동이 서를 떠나듯, 서가 동을 떠나듯, 아예 떠난 것이다. 진리는 그냥 그것 자체로 있을 뿐이다.
 혹은 진리는 그것 자체가 없는 것이기도 하다. '없다 있다'고 하는 것은, 불꽃이 있다고 할 때와 같이 있고, 없다고 하는 것은 불꽃이 사라졌다고 할 때다. 같으므로 없다는 것이다.
 진리가 확실히 변재에서 '떠나 있음'을 알아볼 수가 있다면, 이미 밝은 눈이 있다고 할 수 있다. 그는 결코 논쟁을 일으켜서 그것을 증명해 보이려고 하지 않는다.
 그냥 있는 것을 있는 그대로, 없는 것은 없는 그대로, 변하는 것은 변하는 그대로, 살아 있는 것은 살아 있는 그대로, 죽은 것은 죽은 그대로, 어린아이는 어린아이 그대로, 늙은이는 늙은이 그대로, 진실은 진실 그대로, 거짓은 거짓 그대로, 서 있는 것은 서 있는 그대로, 눕혀진 것은 눕혀진 그대로, 어떤 필요성이나 가감加減의 유혹도 느끼지 않고 그대로 바라본다.
 그 바라본 바 나타난 것이 바로 '나'이고 '현실'이라는 것이고 '세계'라는 것이다. 어쩌면 나는 그렇게 진리의 눈에 비추어진 투영물일지 모른다. 관찰자라고 하기 보다 그 결과로서의 (관찰의)대상물인지도 모른다. 그러므로 결론인즉 (대상물인) '나'에게는 '나'가 없고 오직 화합물인 '어떤 물건'만 있다는 것이다.

50
1991년 7월 26일 금

…그러나.

과연 내가 자랑스럽다고 느낄 만한 '짓'이 과연 얼마만큼 진실로 그러한가!

마찬가지로,

내가 부끄럽다고 자각되는 그 근거는 또한 얼마만큼 실체적으로 명백한 근거를 갖고 있다는 걸까?

몸과

입과

생각으로 만들어진 행업行業들이 어떤 것은 진짜이고 어떤 것은 가짜라고 할 수 없는 까닭에, 어떤 것은 어리석고 어떤 것은 현명하며, 어떤 것은 율의적律儀的이고 어떤 것은 파계적破戒的이고, 어떤 것은 정숙하고 어떤 것은 방탕한 것인지 등에 대한 분별 자체에서 무명無明이 시작된다고 이해하면 제대로 위로받을 수나 있을는지….

진짜도 아니고 가짜도 아니다.

그 무엇의 연속일 따름이다.

여기에 선과 악, 동과 서, 위와 아래로 구분하는 것은 순전히 ~적(的)인 인위적인 가름에 불과하므로, 속지 마라! 선은 악을 징계하지도 않거니와 그럴 능력도 없으며, 악도 선을 무서워하지 않나니, 이는 순전히 편가름일 따름이다.

우리가 (사회적으로)단죄하는 어떤 죄악도 사실은 실체가 없어 공하고, 다만 업(業)만 있을 뿐이리니….

51
1991년 7월 28일 일

깨달을수록 어리석음은 정복되어 가는 것이 아니다. 더욱 불어나는 것이다. 그러므로 완전한 깨달음은 완전한 어리석음 그 자체라 할 수 있고, 완전한 열반은 완전한 윤회를 의미한다. 어린아이가 천국 가는 이유가 여기 있다.

새가 운다고 소리 이외에 아무것도 아니듯이, 내가 소위 진리를 더듬는다고 해도 장님이 코끼리 만지는 것 외에 아무것도 아니다. 앞서가는 그림자 밟기요, 공중에 3층 누각을 세우는 것이요, 자면서 현실을 꿈꾸는 것이다.

그러나,

나는 죽도록 내 속에 갇혀 그 세계가 제공하는 것들로서만 움직인다고 생각하니, 너무나 숨이 막혀 스스로 자괴하고 싶은 번민 때문에, 소위 진리라는 사뭇 진지하고 거룩한 장난감을 만지작거림으로 해서 그런 것들을 잊으려고 하는 것이다.

또 하나의 어리석음이 아니고 무엇이랴! 잊기는커녕 어리석음이 상대적으로 커가기만 하는 걸. 눈덩이를 굴리는 아이는 나중에 자기보다 엄청 커지는 눈덩이 앞에 서 있는 자신을 보게 된다는 게야. 이런 까닭으로 그토록 많은 조사祖師님들께서 말씀하시기를,

"억만 부처님이 살아 돌아오신다 해도 구제할 수 없는 중생이 있다"고 하셨다.

나는 과연 그러하다. 설사 관세음보살님이 나의 종이라 할지라도 내가 무슨 이득을 누릴 수 있겠는가. 죽음은 내게서 번뇌를 먹고 사는데….

52

1991년 7월 30일 화

수행修行!

이 거룩한 행이여,

바른 법에 따르는 수행자!

이 거룩한 분(聖者)이시여,

그 이외에 거룩하다고 할 만한 것은 없도다. 신령스럽다고 하는 것은 신神들에게나 줘버려도 좋으리라. 그러나 거룩하다고 하는 것이야 어찌

神 등이 감당해 낼 수 있으랴.

'알라'를 부르짖고 '할렐루야'를 소리 높이어도 신령한 곳에 이르면 더 이상 닿을 곳 없이 부서져버리는 공허함이려니. 저 수행자의 조그마한 손바닥 위에서 타오르는 향 한 자루의 고요함에 비길까!

생선장수는 몰라. 제 손의 비린 냄새도, 저 숲속 수행자의 향냄새가 이르는 곳도.

그대, 저 생선을 먹고 싶은가? 먹을 수 있다. 먹고 남은 뼈는 집에 가져다가 장식하여 대대로 물려줄 수도 있다. "생선장수에게 가라. 그리하면 너희가 생선을 풍족하게 먹을 수 있다"라는 유언과 함께. 그러나 수행자의 저 드높은 향냄새는 비린 생선냄새에 비길 바 못 되거늘, 안타깝도다! 안타깝도다!! 그저, 안타깝도다!!!

신령함으론 거룩한 곳으로부터 경배를 받지 못하나니…. 천만 억의 별들로서도 한 개의 해를 가리지 못함이니라.

53

1991년 8월 9일 금

제주도에서 서울로.

아버지와의 담론에서.
그러다가 결국 아버지께서 이사야서 어딘가에 있는 구절을 인용하시되, "옹기장이가 옹기그릇을 만들었는데, 옹기그릇이 옹기장이더러 자기 모양을 불평할 수가 있겠는가!"라고 내게 의기 당당하게 창조주를 대변하셨다. 아직은 결정적으로 답변해서 뒤집어지지도 않으려니와 그럴 때도 아니라서, 일리 있는 말씀이라고 하고 물러섰다.

내가 말하고 있던 것은 '옹기장이'가 '무엇을 했다·안 했다, 만들었다·안 만들었다'는 어떤 작용이 아니라 그 자체의 존재성에 대한 약간의 허구성 등이었지, 피조물인 '나'를 전제로 한 '따짐'이나 '불평'이 아니었다. 아버지가 쓰신 비유는 '내가 창조받았다'는 것을 전제로 하여야 비로소 성립되는 것이다. 그래서 '창조된 내가 어떤 불평을 창조자에게 했을 때'에 그러한 비유로서 다스릴 수가 있는 것일 뿐, 창조주의 존재 자체에 대한 의문을 갖고 다투는 자에게는 성립될 수가 없는 비유이다.

결국, 중요하고 긴요한 것은, 부처님 말씀처럼, 그런 것을 다투는 것이 아무 유익도 되지 못하기 때문에 금지하는 것이 좋으리라.

54
1991년 8월 16일 금

정이 쌓일수록 몸은 빠져나가기가 힘이 들고,
사랑 사랑의 길목 어귀마다 목숨은 한줄한줄 풀려나가는구나.
부모형제 처자권속 벗들은 뉘라서 목숨을 맡겨주고 희희낙락하는고.
개 한 마리가 갈비 한 대를 근처 어디 땅속에 묻어두고,

차마 멀리 못 가는 부자유함이여!

55
1991년 8월 17일 토

돈이 다 떨어짐.

아내에게 미안, 자동차 팔아야 할 듯. 집주인이 전세 50만 원 올려주기로 한 것 요청전화. 수돗물, 보일러 여름가기 전에 완전해결 못하면 돈 못 준다고 함.

메마른 지혜(乾慧)로서는 소용이 없다. 덜컥 죽음의 냄새가 문 밖에서 풍겨 날 때에는, 마치 강도 만난 부녀자처럼, 속수무책으로 공포스럽고 자지러지다가 겁탈당하고 만다. 아무리 생각의 모양을 지어내어 그 두려움과 상황에서 벗어나고자 심지어 '모든 것이 공空하다'고 지혜의 연못을 판다 해도, 거기에는 메마른 지혜뿐.

일상생활에서 아무 쓸모 없다가 경전이나 마주해서야 겨우 얻어지는 따위는 동의 내지는 위안자료가 될 뿐. 실제로 자신에게 무슨 지혜가 깃드는 것도 아니다. 당연하다.

코끝에 벌 한 마리 앉혀두고 극미極微하게 숨을 내쉬며 황급하게 마음을 거두는 촉박한 수행이 없고서야 생기는 족족, 깨닫는 족족, 메마른 이해정도에 불과하다.

아,

벌써 염라대왕은 이만큼 성큼 다가왔는데, 나는 발이 떨어지지 않아 도망칠 수조차 없구나. 그 후는 기약할 수 없는 아득한 세상인데….

56
1991년 8월 19일 월

결혼반지 5돈, 17만원에 팜.

35도를 웃도는 더위 때문에 밤잠을 설치기 벌써 나흘. 지독한 폭염이다. 짜증이 절로 나고 게다가 수돗물도 제대로 안 나오고 돈 나올 구멍도 없고.

…이럭저럭 생각하다 보니, 결국은 만화나 소설 한 권쯤 완성시키고서야 새벽녘에 잠을 잔다.

세상의 근본원인을 궁구하다 보면, 그 다음은, 그 다음은, 그리고 그 다음은…, 하고 끝이 없다는 것을 알고, 어줍잖게 최후의 궁극점이나 최초의 시발점을 상정하여 이른바 창조라 명명하고, 그 주재자를 설정하여 창조주라 해 두었다. 그러던 원시적 철학사상이 발달을 거듭하여 오늘날에까지 왔으나, 사실은 발달된 것이 없다. 다만 부질없고 어리석은 생각의 연속이었을 뿐이다.

'처음'이라는 개념을 피할 수 없었던 사람들로서는 능히 '태초에 하나님이 천지를 창조하시니라' 하는 한 마디를 신봉할 수 있었으리라마는, 그게 다 '이것이 있으므로 저것이 있게 되고, 이것이 없으므로 저것도 없다'는 단순한 상대성이론을 제대로 이해하지 못하도록 세세대대로 물려받은 종교적 관습, 사고방식이 두터운 까닭 아닐까!

인간의 정신작용이란, 자성自性이 없다는 증명이기도 하다. 선善이든 악惡이든 창조든 연기든 되는 대로 믿고 말아버리니까. 만일 자성이 있다면 결정적으로 벌써 해결되었을 문제들이건만….

57
1991년 8월 24일 토

조계종이라 한다. 그 옛날 오조五祖 홍인대사로부터 법통을 받고 조계산에서 종풍을 세우신 육조六祖 혜능대사를 종조宗祖로 삼으므로 그렇다는 것일 게다.

그 조계종에서 종권宗權 다툼으로 종지宗旨를 삼는 이상한 무리들이 자라나다니, 정말 알 수 없는 일이다. 아무리 양곡 가운데 가라지가 섞인다 해도 그렇지, 어찌 밭 전체에서 곡식보다 가라지가 무성할 수가 있단 말인가? 이것을 도대체 어찌 해석하여야 할까.

그들이 한때 출가하여 길을 물었을 때에는 모두가 스승을 만나서 계를 받고, 뜻을 깨달음에 두어 보살의 길을 가기로 서원하였을 텐데, 어째서 도로 속세의 무리들처럼 아귀다툼을 함에 오히려 염구시식을 받도록 되어 있는지 통탄스럽다.

  부처님과 보살님과 천신들이 멀쩡히 살아 계신데, 감히 부끄러움도 두려움도 모르는 이 사람들이 과연 누구더란 말인가. 입고 있는 승복은 누가 입혔으며, 설하고 있는 자리는 누가 세웠으며, 독송하는 입은 어디에 속해 있더란 말인가. 모를 일이다. 정말 모를 일이다.

  그렇다고 누구 하나 나서서 추수할 만한 대보살도 없는 듯하고 보면, 누가 감히 '보살은 은밀히 스스로를 나타내지 않는 게 일반이다'라고 하는 진언에 의지하는지를 봐야겠다.

  아, 말세에는 먼저 종단에서 오탁을 드러낸다던가?

58
1991년 8월 25일 일

  나는 신의 존재를 믿는 것이지, 신이 나를 창조했느니(그러면 그 신은 누가 창조했는가?), 구원하느니 마느니(그러면 신은 구원받았는가?) 하는 주권 침해적인 설명을 믿는 것이 아니다. 아아, 이런 논쟁은 사실 너무나 유치하여 바라보고 싶은 생각조차 없지만….

  우리는 지금 만일 과거 예수 탄생시의 사람과 함께 산다면, 신의 아들이라고 할 만한 시대에 살고 있다. 산을 뒤엎고 바다를 말리는 재주를 근거로 신을 결정한다면 머지 않아 신이 될 것이다. 그러나 우리는 신이 아니지 않은가. 아무리 옛날시대의 원시인들이 우리에게 신이라고 하고 경

배하더라도 말이다.

유일성唯一性,
신神이 있다.
거슬러 올라가다 보니, 너무 막막하고 끝이 없을 것 같으므로 '아담과 이브'로 족보는 그만하고, 신을 상정하여 그로부터 다시 거꾸로 내려온 것으로 종지宗旨를 삼으면, 모든 것이 삽시간에 해결될 것도 같았으리라. 여기에다가 민족적 정통성을 확립하고, 그 정통성에서 최고의 우월성까지 뽑아내려면 유일성이 필요한데, 그것은 맹목성이 밀어주어야만 한다. 이것이 바로 태초의 신, 유일신, 부족의 신, '야훼'라는 이름까지 가진 신, 그 전부이다.
보아라.
절대성이란 유일성과는 다르고, 그것은 몇 페이지 몇 권의 텍스트로 설명되어질 단순하고 쉬운 문제가 아니다. 유일한 것이 다 절대적인 것이 아니다. 오히려 무엇이 유일하다고 하는 것은 무척 상대적이다. 예컨대, 태양은 하나로 유일하여 대체할 다른 것이 없지만, 그것은 이 작은 태양계 내에서 그렇다는 것이지, 은하계 전체에서 볼 때는 다른 평범한 별 하나에 지나지 않는다. 그래서 설사 없어진다 해도 무의미하고 흔한 하나의 별에 불과하다. 물론 우리에게는 멸망이겠지만….
마찬가지로 존재하는 모든 것은 서로 상대적이어서 인간에게서의 신이 다른 신에게서조차 신일 수 없다. 바로 이런 논리의 전개를 막으려고 유일신을 두고, 거기에 맹독성의 맹목적 신앙을 주입시키는 것이라, 나는 믿고 있다. 아니 안다. 그렇게 신은 존재한다고….

보지 않아도 안다. 왜냐하면 내가 있다는 것이 바로 그것을 증명하되 '나만 있고 다른 것은 없다'라는 설명보다는 '내가 있으므로 다른 것도 있을 수 있다'는 설명이 훨씬 사실에 가깝기 때문이다.

59
1991년 8월 27일 화

광철집 방문, 아내와 함께.

인생이란,

아무 대가없이 끌려가는 송아지이기 십상이다. '마음'이란 묘한 줄 하나 목에 건 채 뒤집혀진 눈깔로 입에는 자갈까지 물리고 무섭도록 쏟아지는 빗물에 얹혀 차라리 흘러간다고 해야 하리라. 이런 걸 알면서도 왜 반항하지 못할까? 그 반항이 왜 철저하지 못할까?

이것이 바로 인생이 슬프도록 가엾고, 오로지 위로부터의 무조건적인 자비가 요구되는 까닭이다. 그마저 없다면, 그러한 요행마저 묵살 당한다면 삶은 결정코 절망적이므로, '관세음보살'이 때때로 현전現前하기도 하고, '아미타 붓다'가 강림하기도 하나니, 인생의 병病이 이다지도 깊고 깊은 것이어라.

그리스도여, 그리스도여.

당신이면 어떠리!

내 인생이 유대 땅 어딘가에 있었다면,

내 인생이 중국 땅 보타산 어딘가에 있었다면, 그리고 인도 땅 영축산 어딘가에 있었다면, 그 이름과 모습과 만남이 어떠하던 간에 내게는 똑같은 의미의 자비가 필요하리라.

60
1991년 8월 29일 금

어쩌다 불법佛法은 만났지만 소용없는 인연인가 보다. 화살 없는 활, 밥 없는 숟가락, 사공 없는 배, 움직이지 않는 향수에 다름 아니다. 닦지 않는 그릇이 깨끗해질 리가 없듯 거기에 아무것도 주워 담을 수가 없고, 닦지 않는 거울이 밝아질 리가 없듯 아무것도 비출 수가 없고, 닦지 않는 길이 번듯할 수가 없듯 잡초들만 되려 무성하구나.

아아, 길다 인생이여!

쓰다듬어 안아 보려고 해도, 이미 거기엔 아무것도 없이, 그저 텅 비어 있음이여!

61
1991년 8월 31일 토

'깨달음'이란 그것이 그대로 실현되어짐을 의미한다. 그대로 실현되지 못한다면 하나의 지식, 이해로 될 수 있을지언정, 그 이상 아무것도 아니다. 예를 들어, 그대가 만일 모든 것이 텅 비어 있음(空)의 이치를 깨달았다고 한다면, 한 번 그대의 몸으로 이 몸을 통과해 보거나 그대의 손으로 이 벽을 쳐보아라. 만약 아무 지장 없이 그대로 빠져나가면 그 깨달음은 그대의 것이고, 만일 부딪침의 장벽이 있다면 그것은 한낱 진실한 지식이나 이해정도에 불과할 뿐, 그대의 운명하고는 아무런 상관도 없다.

또한 예를 들어, 그대가 만일 사랑을 깨달았다고 한다면, 저 나그네의 손을 잡고 그의 마음을 통과해 보라. 만일 그대의 마음이 저 나그네의 마음을 통과했다면, 반드시 나그네의 마음을 읽었으리니, 한 번 맞추어 보라. 그가 얼마나 그대의 사랑을 간절히 요구하는지…. 만일 그러고도 어두운 방에 들어가 책을 읽은 사람처럼 통 소득이 없다면, 그 사랑이란 것은 울리는 꽹과리는 될지언정 깨달음은 아닐지라.

기독교에서는 '믿음은 바라는 것들의 실상'이라고 하거니와, 하물며 깊이 없는 외도外道의 사상에 의해서도 그렇다고 규정하거늘, 그대가 부처님의 전등傳燈임을 자임하고 가사를 걸치고서 깨달음을 구한다고 하더니, 과연 오늘날 제 몇 위位에 섰는가?

설마 축생처럼 싸우면서 아귀다툼하며 외교外敎로부터도 비웃음을 사는 짓을 하고서도 그 부끄러움을 모르고, 종단의 우두머리 다툼으로 깨달음을 표하려는가? 그 종단이 대체 시조는 누구며 종지는 무엇이던고? 아아, 부처님이시여!

62
1991년 9월 2일 월

사람들은 믿지 않는다. 아니 정말로 믿지 못한다.

창세기와 마태복음만 전부인 줄 알지, 죄와 구원만 알지, 천당과 지옥만 알지, 사탄과 천사만 알지, 오직 그리스도만 알지, 사실은 제 마음 가다듬고 있음을 모른다. 제 마음이 호흡하고 있음을 모른다. 일부러 험한 길, 그것도 돌고 돌아서 하나도 아니고 두 개씩의, 평지도 아니고 높은 산을, 수레도 아니고 황소도 아니고 맨발로 가고 있다는 것을, 모른다.

안다면, 결코 믿음을 남용하지는 못할 것이다. 눈을 가리워도 훤한 고향 길을 두려워하진 않을 것이다. 결코 밖에서 구하진 않을 것이다.

63

1991년 9월 4일 수

생각의 집중은, 그것이 고상한 차원의 명상이든 천박한 차원의 욕망이든, 모두 한 갈래에서 나온 존재양상을 표현하는 것이고, 그렇게 표현되어진 것이 공간적으로는 모양이며 시간적으로는 현재라고 하는 것이다.

나는 날이 갈수록 예전에는 호흡만큼이나 범상하게 보아 의식조차 할 수 없었던 것들이 차츰 하나씩 신비스럽고 필연적인, 반드시 의식하여야 할 것들임을 알고, 매우 놀랍기까지 하다. 어제 할 수 있었던 일을 오늘은 못하게 되고, 단순한 감정들이 매초마다 모양대로 솟구쳐서, 어떤 것은 화산처럼 막대한 위력으로 얼굴모양을 온통 일그러뜨려 놓고, 어떤 것은 순식간에 세포의 일생처럼 아무 역사도 만들지 못하고 사라져 의식의 저편으로 넘어 가기도 하고, 어떤 때는 밖에서 들어와 안으로 들기도 하고, 어떤 때는 심연 속에서 나와 밖으로 나가며 시장배처럼 싸우기도 한다.

이것이 다 생각의 집중이 매 순간순간 종種을 달리하여, 도무지 종잡을 수 없는 것을 원숭이 마음 같다 하고, 그렇게 표현되어진 것을 원숭이라고 부른다.

그러나 하루나 이틀, 혹은 사십구일이나 그 이상 수천억 겁 동안, 무한토록 일정하되 자유로운 것을 부동심不動心이라 부르며, 그 땅 위를 부동지不動地라 하고, 거기에 사는 사람을 여래如來, 붓다라고 하지 않는가! 원

승이가 변하여 붓다가 된 인연이다.

64
1991년 9월 6일 금

사업이 번창하고 돈벌이가 시원한 것으로 안심安心의 지표로 삼을 수 없다. 천년을 금덩어리 창고에서 지낸다 해도 세사世事로는 마음을 구救할 수 없다. 그래서 답답하다.

스승을 만나 둘이서 사제의 화두話頭를 주고받으며 뜻을 도모하면, 이 얼마나 자유스런 삶이랴! 불행히도 내 복이 짧고 깊지 아니하여 복다운 인연은 하나도 못 만나고, 죄다 거칠고 조악한 인연으로만 메워지는 것을 보니, 심히 두렵기 짝이 없다. 이미 기약할 수 없는 인생인데, 이제 다시 어느 세월로 깨달음의 좌대로 삼으리오.

건강했던 사람에게 병이 생기면 그 후부터는 환자라고 한다. 이미 환자이고 난 후는 도로 건강했던 것이 온통 꿈이요. 희망이요, 극락이었음이라. 비록 만금을 부처님 전에 갖다 바친다 해도 좀체 돌아가 이루지 못할 소원일 뿐이니, 벗이여 돌아보소. 분별 하나로 갈라서는 세계의 이 끝과 저 끝을….

65
1991년 9월 13일 금

 윤화 만남. 안산 J·C 창립총회(어제) 참석차 왔음. 집에서 차 한 잔, 바둑 두 판. 헤어지기 섭섭하여, 그동안 일독一讀하고 재독再讀하려던 책, 운서주굉 스님의 『죽창수필』 읽어보라고 줌.

 총 3만 원 보유. 나라에서는 국제수지 100억불 적자라고 아우성이고, 이내 집은 이제 총 보유액 3만 원으로 시작되어야 할 판. 그 중에서 1만 원으로, 책을 사버렸으니….
 『UFO와 달세계』와 『강의식 독학 현대일본어』다.

66
1991년 9월 21일 토

 황사장에게서 30만 원 차용. 본래 50만 원 차용키로 했었음.

67
1991년 9월 22일 일

 누나네 집 봐줌.

한 권의 경도 읽지 아니하고, 한 줄의 경구도 소지하지 아니하고, 한 번도 '나무아미타불' 하지 아니 하였다면, 그대가 비록 관운장의 기개와 유비현덕의 덕을 겸지하였다 한들 어찌 세상의 참다운 장부라 할 수 있을까 보냐? 목숨이 초개 같다 하거늘, 염라왕 전에 이르러서는 한낱 자비를 청원하는 오뉴월의 강아지인 바랴!

가장 큰 축복으로 혹은 다행으로 말하자면, 우리에게서 지나간 과거생에 대한 망각일 것이다. 적적하거나 단절된 기억에 의하여 우리는 비로소 어제 갓 태어난 아이처럼, 아무 일도 없는 듯이 천진난만하게 살아갈 수 있는 것이다. 그렇지 않다면 엉켜진 실타래와 같은, 풀 수 없는 과거의 인연들을 돌아보다가 확 돌아버리리라.

혹시 나는 타락한 수도승이었을까.

68
1991년 9월 24일 화

나는 모른다. 그들이 '할!'을 쓰고 '삼십방'을 곧잘 사용하는 그 이유가, 과연 붓다의 유형에 속하는지 아닌지 알 수가 없다. 불을 찾아 날아가는 불나방으로서, 샛별이 쏟아지는 새벽이 열리는 소리나 번개천둥이 천지를 나무라는 소리들에, 감히 여유를 내어 각성을 추구할 입장이 못

된다만….

어느 날, 어쩌다 붓다가 회중會衆들 앞에서 꽃 한 송이를 손에 들고 치켜세웠을 때, 어느 한 제자가 그 의미를 알아차리고 미소를 지었다는 고사밖에 그 유래를 알지 못하는 나로서는 그 후 어쩌다가 꽃 한 송이 대신, 사람 놀래키는 '할!'이 등장했으며 '삼십방'으로 대신했는지 전혀 알 수가 없다.

그들 모두가 '할!'과 '삼십방'밖에 모르는 붓다가 되었을 리 없겠건만….

가끔 그들이 선禪은 평상심平常心이라고 하며, 어떤 변칙성이나 특별성을 물리치기도 하는 것 같은데, 왜 그런 기괴망측한 발상으로 평상심을 표현하고 있을까?

부처님시대에는 모두 상상근기上上根機들이라 구태어 '할!'이니 '삼십방'이니 하는 것들이 필요 없었지만, 말법시대末法時代에는 하하근기下下根機들 뿐이라 그렇게 해야 한다면, 부처님시대에도 뒤떨어진 근기들이 없지 않았겠거늘, 왜 부처님께서는 간단히 '할!' 혹은 '삼십방'이나 하고 말지 팔십 세가 되시도록 '이것은 이렇고, 저것은 저렇다'고 장황하게 설하셨을까? 참으로 알다가도 모를 일이다.

69
1991년 9월 26일 목

일호, 이태리로 출국. KAL 911편 오후 1시. baggage weight가 32kg을 넘어서 약간 소동. 1kg 줄이고 사정하여 통과. 효숙누나, 일호 편에 20만 원 보냄.

벗이여, 계율을 가져라. 그것말고는 때마다 엄습하고 헷갈림, 혼란, 불안 등을 대항하고 나설 아무것도 없기 때문이다. 계율이 없으면,

첫째, 마음은 들뜨고 치우쳐서 한 시라도 정념定念을 유지할 수 없게 되나니, 비록 넓고 편리한 집이나 좋은 쇼핑, 기름진 곡식으로 지은 음식에 의할지라도 번뇌를 떨치지 못하게 되고,

둘째, 어느덧 몸은 덩달아서 때로는 유인有因으로 때로는 무인無因으로 시름시름 앓거나 중하게 몸져눕게 되나니, 가벼운 듯해도 영 낫질 않으며, 중하여 증상이 사나우면 백약이 무효일 따름이니,

셋째, 하는 일마다 일컫되 운수가 없다 하게 되고, 만나는 사람이나 심지어는 짐승에 이르기까지 해치려는 생각이나 해침 받는 생각으로 가득하여 편안할 틈이 없게 되며,

넷째, 필연코 길하거나 장수하지 못하고 목숨이 짧게 되나 방법이 없고, 설혹 오래 살게 될지라도(복으로서가 아니라) 화만 오래 가게 되는 지경이 되나니, 아래로는 자식들에게 업신여김을 받고, 벗들은 이미 타계하

여 돌아볼 데도 없어 외로움이 차라리 죽음만도 못하리라.

복이야 오든 말든 상관없다 하더라도, 그 화가 대체로 따져보아도 이러하거늘, 벗이여 뉘라서 계율을 마다하고 경원하리오!

70
1991년 9월 27일 금

아내, 치통 재발로 치과(김치과)에서 이빨 뽑음(3천원).
새 공장 임대료, 전세 2천7백만 원. 월세 2백70만 원.

생각을 너무 많이 하는 것은 번뇌를 너무 많이 가진다고도 할 수 있다. 번뇌에 대한 생각이 많아지면 어지럽게 된다. 현재가 아닌 과거나 미래를 앞당겨 쓰게 되는 까닭에, 생각이 많아진다.

71
1991년 9월 30일 월

"대왕이시여, 이제 대왕을 위하여 바른 법을 말하리니, 일심으로 자세히 들어라. 범부들은 마땅히 마음을 가다듬어 몸 가운데 스무 가지 일을 잘 관찰하여야 하나니,

1. 나의 이 몸에는 무루無漏가 없고,
2. 선근善根의 근본이 없고,
3. 나의 생사는 아직 조복調伏되지 못하였고,
4. 깊은 구렁에 빠져서 가는 데마다 두렵고,
5. 무슨 방편으로 부처성품을 보게 될 것이며,
6. 어떻게 선정을 닦아야 부처성품을 볼 수 있으며,
7. 생사가 늘 괴로워서 항상함과 깨끗함이 없고,
8. 팔난八難의 액난을 여의기 어렵고,
9. 한 가지 법도 업보를 막을 수 없고,
10. 항상 원수가 따라 다니고,
11. 삼악도에서 벗어나지 못하고,
12. 가지가지 나쁜 소견을 구족하고,
13. 오역죄의 나루를 건너갈 일을 마련하지 못하고,
14. 나고 죽는 일이 그지없는데 그 갓을 얻지 못하고,
15. 업을 짓지 않고는 과보를 얻지 못하고,
16. 내가 지은 것들에 대하여 다른 이가 과보를 받을 수가 없고,
17. 즐거운 인을 짓지 못하였으니 즐거운 과보가 없고,
18. 업을 지었으면 과보가 없어지지 않고,
19. 무명으로 인하여 났으니 무명으로 인하여 죽을 것이요,
20. 과거와 미래와 현재에 항상 방일放逸을 행함이니라.

대왕이여, 범부들은 이 몸에 대하여 항상 이렇게 스무 가지 관찰을 하여야 하며, 이러한 관찰을 하게 되면 홀연 생사를 좋아하지 아니 할 것이요. 생사를 좋아하지 아니하면 지止와 관觀을 얻을 것이니, 그때에는 차례차례 마음의 나는 모양, 머무는 모양, 없어지는 모양을 관찰하며, 차례차례 마음의 나고 머물고 없어지는 모양을 관찰하면 선정·지혜·정진·계율도 그와 같이 하며, 나고 머물고 없어지는 모양을 관찰하면 마음의 모양과 내지 계율의 모양을 알아서 마침내 나쁜 짓을 하지 아니하며, 죽는 두려움과 삼악도의 두려움이 없어지리라. 만일 마음을 착념하여 이 스무 가지를 관찰하지 아니하면, 마음이 방일하여 온갖 나쁜 짓을 하게 되리라."
-『대반열반경』 청정행품, 370쪽.

72
1991년 10월 4일 금

하잘것없는 것이란 하나도 없다. 별이 폭발하여 한 구석으로 밀려난 조각일지라도, 아침에 세수할 때마다 빠져나가는 머리카락이나, 늦가을 찬 서리를 못 이겨 떨어지는 나뭇잎파리, 무심코 밟아 없애는 애벌레에 이르기까지, 또는 어찌 이러한 사물일 뿐이랴!

번뜩 스치고 지나가는 한조각의 사념思念, 그것이 비록 저쪽 별나라 우주에 관한 것이든 이쪽 세상의 현실에 관한 것이든, 혹은 간밤 꿈속에서 일어나 지금은 잊어버린 그 어떤 것에 관한 것이든, 하잘것없거나 까닭

없이 반연하여 일어나는 것이란 하나도 없다.

 그 모든 것이, 어쩌면 천지개벽과 맞먹는 대사건들이며 그것들의 연속임을 알겠다. 오직 우리들에게서 하잘것없는 것으로 관념되어질 뿐. 그리고 관념 자체도 큰 사건임을 알아야 하리.

 샤카무니붓다 말씀하시되,

 "비록 십지보살일지라도 안개를 보는 듯 하리라"고 하셨거늘, 하물며 나, 범부이겠는가!

 '모른다!' 하여도 맞고,

 '모른다!' 하여도 틀리고,

 '안다!' 하여도 맞고,

 '모른다!' 하여도 도로 틀리는 것이니, 다만 모든 것이 텅 비어 있어[空] 그대로 평등하니, 사방이 따로 없고 상하가 그저 말뿐임을 알겠네.

73
1991년 10월 16일 수

주인은 나다.

그러므로 함부로 탁한 마음을 내지 마라.

관찰하라. 오늘의 날씨는 어떤가.

바람은 부는가, 안 부는가? 구름은 끼었는가, 안 끼었는가?

부디, 한 점 흘림도 없이 낱낱이 헤아리고 관찰하여 속지 말기를….

74
1991년 10월 23일 수

마음은 담배연기와 같은 것, 허공에 퍼지다가 자취 없이 사라지고 나면,
또 다시 만나기도 쉽지 않으리니,
연기緣起를 알아 그것이 텅 비어 있음(空)의 도리를 알고,
팔정도를 걸어가면, 마침내 자취 없는 곳에서 안심安心을 얻으리라.

75
1991년 11월 3일 일

꿈은 꿈이로되 깨어나지 못할 꿈이므로 살기는 사노라.
딱 한 번 뉘우쳐서 꿈이라 알거늘, 안다고 꿈이 없어지진 않음이라.
모름지기 알지 말고 깨우쳐야 비로소 청명하늘이 또렷이 나타나리라.
청명하늘 또한 꿈일진대….

꿈속을 헤매다 또 다른 꿈속으로 들어가니,
꿈이 꿈이 아니요 정작 한결같이 꿈이려니,
허깨비를 만들어 놀이삼아 살아가고,
살다가 도로 놀이삼아 죽으리라.

76
1994년 10월 6일

할 일이 많다. 영어도 더 능숙하도록 공부해야 하고, 수출 길도 빨리 확보해서 매출 및 자금사정도 호전시켜 놔야 하고, 배웠던 학문적 지식도 망각되지 않도록 보존학습도 게을리하지 말아야 하고, 관리자로서의 관리기법도 배워야 하고 등등….

그러나 자기의 목숨을 떼어놓고는 생각할 수 없는 일들이니, 우선 목숨 구救하는 일이 본분사本分事이고, 기타 일은 지말에 속하는 것에 불과하다. 사람이 비록 천하대사를 논한다 하더라도, 죽음에 이르러서는 쥐가 고양이 앞에 놓인 듯 정신이 아득하고 캄캄하여 아무 소식이 없고, 하늘 여인처럼 아름답고 달덩이처럼 훤한 아들들을 거느리고 갖은 낙을 맛본다 하여도, 죽음에 이르러서는 오히려 천하고 몽매한 짐승들과 다름없이 힘없이 끌려가는 것이, 다 죽음 앞에 놓인 목숨의 본분사를 놓친 까닭이다.

할 일이 많다 하지만, 이보다 더 크고 화급한 일이 없으므로, 행주좌와 行住坐臥에 끊임없이 용맹정진할 일이다. 만사가 헛되기는 한순간임을 명심하라.

77
1994년 10월 7일 금

요즘 악몽을 자주 꾼다. 꿈도 인연따라 생멸하는 것은 마찬가지로, 생시 때 희로애락을 만나는 것처럼 꿈도 그러하다. 악몽에 쫓겨 새벽녘에 일어나 가부좌를 틀고 앉아, 관세음보살을 염하였다. 꿈속에서 나를 끈질기게 쫓아오던 음계陰界의 중생에게 부디 음계의 몸을 벗어나서 좋은 곳으로 가도록 기도했다.

삼계三界가 모두 불타는 집인데 어디 간들 편안하겠는가? 그렇지마는 추운 곳에 사는 중생은 따뜻한 곳에 가면 편하다고 하고, 어두운 곳에 사는 중생은 밝은 곳에 가면 편안하다고 하는 등. 저마다의 오관五官에 닿는 것이 좋으면 편안하니 오래 있고자 하고, 나쁘면 괴롭다고 야단하며 빨리 벗어나려고 한다. 하지만 인연에 의하여 받는 것이라, 그 업인연이 다하기 전에는 마치 저 태양이 타는 것처럼 지속하게 된다.

붓다의 제자로서 나처럼 구석지고 멀리 떨어져 있는 제자가 없겠지만, 비록 가장 말단에 있는 비직계 제자라 할지라도, 붓다의 제자는 생로병사生老病死에 위압되어 두려워하여서도 안 되고, 또 그렇게 보여서도 안 되는 법인데, 하물며 꿈속의 일이나 음계의 중생들에게서 두려워하는 마음을 낸다면, 이 아니 부끄러운 일인가를 생각하고 눈물을 흘렸다.

78
1994년 10월 10일 월

　죽지 않으리라고 맹세하고 다짐하는 것이 허망한 것처럼, 죽을 때에 소란스럽지 않고 떳떳하리라는 그대의 결심도 무척 허망하고 또 가당치 않음을 말해 주고 싶다. 죽을 때까지 끌고 갈 필요도 없다. 당장 오늘 밤 잠을 잘 때에 꿈을 결심하여 보라.
　'오늘 밤 내가 이러이러한 꿈은 꾸지 않고, 이러이러한 꿈을 꾸리라' 하고….
　과연 그대는 그 결심대로 꿈이 꾸어지던가?
　살아서 꿈도 하나 제대로 이루지 못하고 다스리지 못하면서, 죽을 때 어쩌고저쩌고 하는 것을 빚잔치, 말 잔치라고 한다.

79
1994년 10월 11일 화 흐림

　이 몸으로는 허공을 피할 수가 없다 色卽是空.
　허공 역시 이 몸이 세워짐을 면할 수 없다 空卽是色.
　이 몸과 허공 역시 마음을 떠나고서는 건립될 수 없다 一切唯心造.
　이 마음이 빈부를 누리고 미추를 다투고 진비瞋悲를 부리고 거래를 명한다.

하고 싶어서 하기도 하고, 하고 싶지 않아도 하기도 하며,

하늘 땅 물속을 마음대로 오가되, 다만 인연을 연유해서 한다. 살인·강도·강간을 하는가 하면 방생放生·보시·지계를 하기도 한다. 어찌하겠는가? 어느 한 편을 고집하면 그대의 마음은 반쪽이 되어버린다. 궁구하라!

80
1994년 10월 12일 수

전국에 비.
태풍 '세스'의 영향.
어젯밤, 아내가 잠도 못 자고 일어나 앉아 늦은 TV를 켜고 있었다. 아마 부정맥의 심장박동으로 몹시 불안했던가 보다. 불쌍하다. 안아주고 싶었지만 너무 졸려 나도 모르게 자버렸다. 아침에 일어나서 그의 자는 모습을 보고 웃었다. '나무 약사여래불!'

81
1994년 10월 14일 금

경기도 국제통상협력실에 회의 참석차 갔다가 박귀백 씨로부터 사진과 편지를 받았다. 중국 북경의 향산香山에서 찍었다는 사진과 단풍잎 하나.

모를 소저小姐다. 잊을 만하면 잊어주면 좋으련만…. 사진을 보니 새삼 친근한 얼굴이다.

꿈에 부처님께 빌고 있는 자신을 보고 또 내가 옆에서 손을 잡아 주었다니, 참 놀라운 정진이 아닐 수 없다. 감응이 빠르다면 나보다 부처님과 인연이 더 깊고 돈독한지도 모르겠다.

그 점이 너무너무 기특하고 어여쁘다. 삼가 바른 정진 있기를….

어머니 다쳤다는 소식, 아내가 전해주다. 아, 업業치고 불효의 업만큼 짓기 쉽고 그 과보가 무거운 것 있을까! 마음놓고 찾아가 뵙지도 못하는구나.

82
1994년 10월 15일 토 비

가을비에 젖는 것은 옷, 그리고 마음. 회상하는….
옛날, 초가집.
처마 끝에서 대롱대롱 매달리다 떨어지는 낙수 물소리.
창가에 턱 고이고 앉아 눈을 껌뻑이는 소년.
몇 년 후,
그 창가에 소년만큼이나 오래 그리고 자주,
앉아 있던 21살의 처녀.

꽃다발도 있었다.

밤새 가을비 내리고 마당으로 졸졸 시냇물 소리도 나고 나면,

가비얍게 숨소리도 멎는다.

아침에는 곱게 머리 빗다 두고 간 조그마한,

손 머리빗 하나가

창틈새로 비집고 들어온 햇살을

부끄러워하고,

소년은 24살을 행복한 아침이라고

적고 있었다.

그 밤에 내린 빗물은 지금쯤 하늘선녀仙女의 우물로 올라가,

아침마다 찬이슬이 되어

땅 위로 쏟아지고 있으리라.

가을비 되어….

83

1994년 10월 18일 화.

어젯밤, 조영삼 과장, 박범순 과장과 명월明月에서 술마시고 노래하고 외박까지.

중국에서 온 후, 처음 마시는 술. 노래 부를 때엔 특히나 소저小姐 생각. 그녀를 위해 '해변의 여인', '그대 그리고 나'를 부름. 술 때문에 정신을 어

지럽히거나 범계犯戒하지 않는다는 생각을 아침까지 유지하고, 다만 잠만 자고 나옴.

내 어찌 삼계三界의 도사導師이시며, 인천人天의 스승이신 부처님의 그 간곡하신 당부를 거스르랴! 해서, 내 이제 더 이상의 음연淫緣은 없으리라.

마음으로 지은 일.
몸으로 받고,
몸으로 지은 일.
도로 마음으로 받으매, 끝없는 업보의 주고받는 일에서,
한 시도 벗어나지 못하므로, 일컫되 윤회輪廻라고 한다.
그러므로 생각만으로는 처벌받지 않는다고, 사상의 자유를 외치는 사람들아!
한 생각이 뒷생각을 끌어내고, 뒷생각은 다시 한 생각을 도와,
한 세계를 건립하고는 그 속에서
생로병사生老病死의 놀이를 하는 재주꾼을 찾아내어,
그 주인이 되어라.

84
1994년 10월 18일

난숙에게 전화했더니 어머니 다친 소식, 일호네 이사한 소식, 일형이 사퇴소식… 등을 말해 주었다. 아, 가엾은 어머니. 곁에 있어드리지 못하는 장남! 키우실 때는 한 시도 내 곁에서 떠나지 않고 키우셨는데, 커서는 저만 살겠다고 멀리 떠나서, 아플 때도 곁에 있어드리지 못하는 이 운명.

이렇게 하면 이렇게 걱정,
저렇게 하면 저렇게 걱정,
이것이 자식의 운명.
어머니, 삼가 이 불효자식의 참회를 받으소서.
금생의 이 인연, 세세생생 갚아나가오리다.

85
1994년 10월 19일 수

믿음이 가장 건립하기 어렵고, 또한 가장 쉽기도 하다.
왜 어려운가?
사람은 오랜 동안 오관에 의해서 감득感得되는 것만 현실로 인정하고, 거기에 자기의 목적을 조정하는 습관에 의지하여 왔기 때문에, 눈으로 보지 않은 것은 상상으로 이해하지 믿음으로 자리하지 않기 때문에, 곧 잊

어버리거나 실상화하지 못한다. 귀·코·입·몸도 마찬가지이다.

 그러나 사실을 놓고 보면 오관이라는 물건만큼 자기를 교묘히 속이는 물건도 없다. 진실을 진실로 보지 못하기 때문에, 착한 사람을 보고서 나쁜 사람이라고 잘못 보고, 살생하면서 자기는 영생교를 믿곤 한다.

 이와 같이 자기의 것에 비추어 남을 봐야 할 때는 안 보고(목숨), 정작 안 봐야 할 때는 자기의 것으로 남을 보니(선악), 이러한 오류誤謬 투성이의 오관을 근거로 행주좌와 하면 할수록 바른 믿음, 곧 선지식善知識을 만나기 어려우므로 어렵다는 것이다.

 왜 쉬운가?

 어떤 사람이 가지가지 환난 혹은 쾌락에 있다가 문득 생각하기를, '이것이 꿈과 같고 환과 같지, 무엇이란 말인가!' 하고 마음을 세우기를, 아침에 세우고 저녁에 마치므로 쉽다고 한 것이다. 오관과 그 몸을 자기라고 믿고 의지하는 사람아, 훗날에 거짓믿음에 속은 줄 알면 때는 늦으리라!

86
1994년 10월 20일 목

 여래의 십호(十號, 10가지 이름)와 32상相을 구족하지 않으면, 대승大乘을 남에게 선설宣說하기가 쉽지 않다. 이 세계에 과거 칠불七佛이 출현하신 까닭이다.

여러 가지 안목 가운데 중생들의 안목은 다 업안業眼이다. 눈을 통해서 보는 것마다 과거의 기운으로 보고 새로운 업을 짓는다. 뱀을 보면 왜 움칫하고, 몽둥이를 든 사람을 보면 왜 겁약해지는가? 추녀를 보면 왜 밥맛 없다 하고, 미녀를 보면 왜 입맛을 다시는가?

똑같은 마음바탕이건만 업의 눈으로 보기 때문에 밉다 곱다는 견해에 속박 당하고, 속박되고서는 그 인연 때문에 좋다 나쁘다는 과보를 받는다. 끊임없는 이 반복작업으로 이 우주의 나이를 채우고 있는 줄은 꿈에도 모르고, 산다 죽는다 소동이 가실 줄 모르는 것이 삶….

왜 똑같은 죽음이 누구에게는 열반이 되고 구원이 되며, 누구에게는 고통이 되고 지옥문이 되는가? 그대의 업력業力이로다.

신비하다, 이 마음이여!
생로병사生老病死의 요술을 이렇게 정말처럼 마음대로 연출하고 부리다니…!
움직이지 않으면서 모든 것을 움직이고,
생生하지 않으면서 모든 것을 생하게 하고,
멸滅하지 않으면서 모든 것을 멸하게 하니,
생멸의 주체도 없이 생멸하도다.
이것을 알고서도 생멸이요,
이것을 모르고서도 생멸이니,
대체로 마음의 신묘함이 이와 같다.

뉘라서 감히 이것을 벗어나서 한적하게
있을 수 있으리오.
앞뒤가 서로 통하고 진속眞俗이 평등하고,
상하가 감응한다 하더라도
하나도 이상한 눈치가 없구나.
굳게 이 목숨과 목숨을 들어 돌아가 의지하매,
나무 佛
나무 法
나무 僧
바로 깨닫고,
바로 가르치며,
바로 수행하는 까닭에….

87
1994년 10월 26일 화

눈[眼]이 만일 있다면[眞有] 보는 것[見]이 항상하여야 하고, 견見이 만일 항상하다면 색色이 실로 진공묘유眞空妙有 하여야 하고, 색色이 만일 진공묘유하다면 그 성품性品이 평등平等하여야 하는데, 그대의 눈으로 산하대지山河大地를 보라.

과연 산과 바다가 평등하며, 진眞과 속俗이 평등하고, 미추美醜가 가지런하고, 친소親疎가 여여如如한가?

만일 아니라면, 믿고 의심하지 마라. 진실로 '눈·코·입·귀·몸·뜻[의식]이 없으며 사물·냄새·맛·소리·감촉·뜻[의식]에 비추인 법法도 없고 그것의 세계도 없나니'라고 한 이 말씀을.

있다고 해도[有] 다만 그대의 업業이요, 없다고 해도 무유無有의 견해업見解業이니, 곧 생로병사生老病死이다. 그러므로 알라. 그대가 보고 듣는 그것은 그대의 업력業力으로 보고 듣고 분별하는 것일 뿐.

업에는 무량세계가 펼쳐져 있어, 대충 말하면 좋은 세계·나쁜 세계, 좋기도 하고 나쁘기도 한 세계이니라.

문득 들려오는 자동차 클랙슨 소리. 시끄러운 것일까, 조용한 것일까? 아니, 소리일까! 아닐까? 아니, 있는 걸까! 없는 걸까?

88
1994년 10월 28일 금

아버지 기일忌日이 오는 11월 27일인데, 그 날이 마침 일요일이다. 안식일을 지켜야 한다는 식구들의 결정. 그 의식[儀式, 안식일]에 대한 식구들의 의식意識이 참 놀랍기만 하다. 부모에 대한 예경에 우선하는 사고방식은 이 세상에 공산주의와 기독교 밖에서는 찾기 힘들 것이다. 눈감고 나면 도시 캄캄한 것을 의지하므로, 누가 하나를 가르쳐 주면 그 하나를 하나님이라 생각하고, 그 생각을 믿음이라 한다.

반드시 알라.

믿음은 어두운 것이 아니고, 막힌 것이 아니며, 무지無智한 것은 더더욱 아니다. 만일 눈을 감으면 컴컴하고, 사방이(어떤 사고방식으로) 막혀 있는 데다가, 지혜까지 없으면서 함부로 몸과 마음을 움직여 믿는다고 하면, 그 해害로움을 어찌 감당할꼬! 사람이 안식일에 다른 이를 위하여 안식을 주는 것을 어찌 회피하리오.

기일을 지키는 것은 두 가지 이유가 있다. 하나는 돌아가신 분에 제사를 지내어 만일 그가 아직 음계陰界에 있으면 음계의 몸을 벗도록 힘써 도와드리고, 둘째는 후손들이 자기도 머지않아 명命을 다하게 되니, 힘써 게으르지 말고 정진하여 마왕에게 끌려가지 않도록 함이다.

89
1994년 11월 2일 수

10월 29일 제주도행 - 어머니 뵈러.
10월 30일 서울 귀경.

악惡이든 선善이든 모두 한마음에서 생멸生滅하는 것이지 두 마음이 아니다. 그래서 외연外緣을 만나기만 하면 꿈에서든 생시에서든 선악의 시비에 휩싸이고 만다.

마음을 오로지 하는 힘이 줄거나 없어지기만 하면, 주인 없는 집에 들어온 도둑처럼 가지가지 탐진치貪瞋痴가 서로 생주이멸生住異滅하면서 마음을 어지럽혀 놓는다. 여간한 힘으로는 피해지지 않을 뿐만 아니라, 서로서로 교합交合하여 자식까지 낳아 줄줄이 상속한다. 그 낳은 자식이름을 '합리合理'라고도 부른다.

간밤에, 세 살밖에 안 된 큰아들을 구석에 몰아세우고, 빗자루로 어깻죽지와 등짝을 사정없이 후려갈기는 꿈을 꾸다가 놀라 깼는데, 이 무엇이었겠어? 스스로 성내는 마음이 있어, 그것을 해결하려고 아들로 하여금 가당치 않은 짓을 하도록 연출하여, 그것을 고친답시고 매질을 하였던 것이지!
누가 꾼 꿈이겠어? 바로 내가 만들어 낸 꿈이지!
선지식善知識이 없는 외로움!
이 외로움으로 한밤중에 일어나 몸을 추스르며 소리 없는 절규로 눈물 흘리네.
아아! 스승 없음이여, 스승 없음이여. 내 목숨을 앗아갈 스승 없음이여…!
그 옛날, 저 영축회상에서 인천人天을 위해 법화의 법을 설하시던
석가모니붓다께 나의 스승 됨을 청원하여 보건만,
두터워라! 이 업장業障, 꿈에도 나타나지 않으시는구나.
하염없이 흘리는 눈물, 다만 이 선지식 없는 외로움에….

90
1994년 11월 3일

    어리석은 이는 밖으로 찾지만, 지혜 있고 힘있는 이는 다만 마음을 관觀한다.

    어떤 마음? 부모가 나를 낳기 이전의 마음, 더욱 거슬러 올라가 하나님이 천지를 창조하기 이전의 마음, 거기서 또 한 걸음 더하여 창조주가 생겨나기 이전의 마음을….

    알고 보니, 다만 마음인 것을!

    이 몸뚱어리가 '나'라고 생각하는 업력 때문에 이 '몸의 구원'을 밖에서 의지하는 사람들….

    이 몸이 있다고 하다 보니 영혼도 있다고 해야 하고, 그렇게 무언가 '있어야' 구원의 주객主客도 설정되는 것.

    어리석어라!

    있다면 다만 티끌 같은 망심妄心뿐. 번뇌가 있으니 열반도 있고, 무명無明이 있으니 해탈이 있는 법. 이것이 바로 '이것이 있으므로, 저것이 있게 된다'는 법칙.

91

1994년 11월 9일 수 (멕시코시티, 세빌라 호텔에서)

마음이 부드러워 손에 매를 들지 않는 이!
울음소리와 간청하는 눈빛에 어우러져 쓸어안는 이!
네 개의〔생로병사〕밧줄에 빈틈없이 얽매어 빛 없는 암소暗所에 갇혀 있는 중생에게,
"그 어진 이름 빌려주시는 관세음보살님께, 삼가 이 한 목숨 들어 바치옵나이다.
나도 기필코 부드럽고 부서지지 않는 자비한 마음 회복하여,
세상 모든 핍박받고 쫓기어 궁지에 몰린 어린 중생들의 든든한 의지처가 될지언정,
이 두 손에 성내는 마음을 옹호하는 무자비한 매를 들지 않으오리이다.
한결같은 힘으로써 평등한 대지를 두루 다니시는 관세음이시여,
설령 이 몸이 아귀에게 사지를 찢기우고, 짐승 나찰귀에게 고기로 먹히더라도,
성내는 마음으로 모진 매를 들지 않는 법을 전해 주시옵소서."

92

1994년 11월 10일 목(마이애미 라디슨 호텔에서)

　방편이 없으면 어리석고, 어리석으면 늘 헤매고, 헤매면 피곤하고, 피곤해서는 게으르며, 게을러서는 원망하고, 원망하면서는 믿지 아니하고, 믿지 않고서는 따르지 아니하고, 따르지 않으므로 가르칠 이 없고, 가르쳐 줄 이 없으므로 알 리가 없고, 알지 못하므로 그 끝 가는 곳을 측량할 수 없다. 이것이 지금 바로 너의 인생이다, 나의 인생이다.

　그러므로, 만일 네가 방편을 능히 내지 못하면, 그대가 하루종일 금식하며 하늘에 계신 아버지 찾기를 평생에 걸쳐 한다 하더라도, 무거움만 커갈 뿐이다. 양손에 창조다·아니다, 야훼냐·아니냐, 부활이냐·멸망이냐, 천당이냐·지옥이냐, 하는 이 두 가지 저울추로는 가지가지 방편과 친해질 수가 없다. 이름과 영광을 고집하는 욕심의 하급세계에서는 모를까, 적어도 하늘세계의 군주로서는 걸맞지 않는 일이다.

　그대는 잘 살펴라.

　내 방식대로 살지 않는다고 성(城-소돔성) 전체를 불사르는 횡포가, 개미 한 마리도 밟아 죽이지 않도록 조심하며 숲속을 걸어가는 수도자의 고요함에 비하면, 소름끼치는 잔인함과 시끄러움이라는 것을….

93
1994년 11월 13일 일 (미국 시카고에서)

일행과 함께 근처 한인교회를 다녀왔다. 문득 작년 11월에 돌아가신 아버지가 몹시 그리워 예배드리고 싶었다. 추억일 뿐이다. 저쪽 앞자리 어디쯤 아버지가 앉아 계시리라는 생각이 자꾸만 떠올랐다. 예배가 끝나고 친교시간에 참석, 국수 한 그릇 먹었다. 미나리식당 여주인이 자동차로 호텔까지 바래다주었다.

과연 그들이 알면 어떻게 될까?
'하나님'이란, 다만 차용된 이름뿐이었다는 것을….
천당·지옥이란 다만 방편으로 가설假設된 것이라는 것을….
악한 마음을 줄이고 착한 마음을 늘리라 하기 위해 조복되지 않는 거친 사람들을 승복시키기 위한 연극이었다는 것을….
어느 자비로운 지혜자의 차용방편가설이었건만, 어느덧 사람들은 달은 보지 않고 가리키는 손가락만 바라보며 어둡다고 광명을 찾아 헤매는 구나!
아쉽다, 그리고 안타깝다. 손가락만 믿는 종교여!

94
1994년 11월 15일 화 (시카고에서)

미국의 이중성, 질서와 무질서.

마음이 부드러워야 꺾이지 않는다. 꼿꼿하면 꺾인다. 꺾이는 게 싫다고 유柔하기만 하면, 아첨과 친해지기 쉬우니 꼿꼿해지기도 하는 게 마음이다.

이것이 바로 천변만화千變萬化의 마음작용이니, 자재自在하게 쓰는 이, 곧 보살이고 한 가지로 구속당하는 이, 곧 중생이다.

그러므로 옛 어른들 말씀하시되, "마음은 자성自性이 없어, 오직 자성 없음만을 자성으로 삼아라"고 하였다.

95
1994년 12월 8일

며칠째 꿈자리가 사나워 자다가 깨곤 한다. 그렇지만 한 가지 분명한 것은 꿈속에서도 끝내 살생하거나 삼보三寶. 佛·法·僧를 부인하지 않는다는 것이다. 음인陰人들이 몰려와서 살생할 것을 협박하여도 붓다의 이름을 높이 들고 거기에 가담하지 않는다.

생각건대 이는 나의 전업前業의 습력習力이 활동하고 있는 중이기 때문이다. 더욱 정진하여 못 다한 참회를 더욱 진실되게 하고 삼보에 귀의함을 간절하고 굳건히 할 따름이다.

마땅히 알라.

설령, 음인들이 전부 악귀惡鬼들이라 하더라도, 일찍이 붓다와 그 제자들에게 귀의하지 않은 이가 없으므로, 널리 설說하여 벗할 것 같으면 도리어 동반자同伴者가 되리라. 대승大乘의 뜻을 발發하고 보디사트바의 길을 가는 이는, 함부로 마음에 두려움을 두어서는 안 된다. 목숨을 사랑하는 것도 피하거늘, 하물며 몸에 생기는 두려움이겠는가!

96
1994년 12월 28일 수

공포 즉 두려움이란 무엇인가?

부자유가 바로 공포이다. 공포는 부자유에서 굴절되는 빛의 파장이다. 아라한 혹은 그런 성지聖地에 들어선 이들에게는 두려움〔소리·빛·냄새·말·행위나 의식으로부터 생기는 혹은 그것에 의한〕이 없다고 하는 까닭은 바로 두려움의 조건이 되는 모든 것에서 자유롭기 때문이다.

그러한 부자유는 어디서 오는가?

무지無智에서 온다. 마치 어둠이 빛이 없음〔無明〕에서 오듯이 모든 부자유함은 그것을 일깨우는 정신작용의 결여에서 성립되는 또 다른 정신작용이다.

빛을 비추어내는 힘이 요만하면 어둠은 저만하듯, 일깨우는 힘이 요만하면 부자유의 범위는 저만하며, 빛이 스스로 비추듯이 일깨우는 것도 스스로 깨우친다. 잘 알아서 가지가지 두려움이 올 때 움츠리지 말고, 몸과 마음을 단정히 하여 결여된 정신작용을 저 일깨움(自覺性品)의 정신작용을 일으켜 세워서 그다지 크게 두렵지 않도록 할지어다. 그대여, 부디 평안할지어다.

97
1995년 1월 17일 화

1995년 1월 9일~16일, 인도 뭄바이 업무차 다녀옴. 오준택 부장 동행.

  사람들은 말과 행동을 조심스럽게 하기 위하여, 만일 잘못이 있으면 사죄하기도 하고 반성하며 뉘우치기도 한다. 그러므로 그 한 잘못이 설령 살인, 강도, 강간이라 해도, 사람들은 차라리 참회의 문으로 들어갈 수 있어 해로움이나 화를 누그러뜨릴 수가 있다.
  그러나 생각으로(意) 지은 잘못(意業)은 사죄하지도, 반성하고 뉘우치지도 않으므로(뉘우치려고 않는다), 자못 그 해로움이나 받을 화(禍)가 적지 않음을 모른다. 이는 몸이나 입보다 뜻을 조심히 하여야 하는 까닭이다.
  사람들이 동(東)으로 갈 때 너도 동으로 가라. 그들의 뜻을 거슬려 해를 받거나 소외되기 때문이다. 사람들이 동으로 갈 때 너는 같이 가지 마라.

그들과 같이 너도 해를 받을까 두렵기 때문이다. 사람들은 흔히 이것을 줄여서 '잘 알아서 하라'고 말한다.

98
1995년 1월 19일

잠을 자다가 꿈에서 쫓기어 현실로 내동댕이쳐지면 혼란스럽고 산란하여, 때로는 꿈인지 생시인지 식별되지 않는다. 이것 하나로 보더라도 죽음에 이르러서는 그 혼침이 얼마만한 것일까? 능히 추측할 수가 있다.

오직 또렷한 정신을 잃지 않음만이 미迷하지 않는 유일한 도道이건만, 평소에 정력定力을 키우지 않고 업력業力만 키워가니 매우 안타까운 일이다.

99
1995년 1월 20일 금

어머니께 안부전화를 드렸는데, 종일 받지 않으신다. 아랫동네나 교회에서 일 보시나보다. 언제나 어머니 혼자 있게 하는 것이 마음 아프다. 생각 같아서는 다 그만두고 고향에 내려가서 어머니와 지내고 싶은데….

오랜만에 친구 상철에게 전화했다. 그 나이에 새로 태어난 아기 아빠노릇 하느라고 재미있는 모양이다. 친구 목소리는 언제 들어도 고향의 파도

소리와 같고 또한 가을날 마당을 가득 메운 고추잠자리처럼 정다워 좋다. 덕선과도 오랜만에 통화했다. 내일쯤 집에라도 찾아가 오랜만에 차나 한 잔 나누어야겠다.

100
1995년 2월 3일 금

이문동에 있는 외국어대에 가서 혜미의 등록 신청.

인因과 연緣에 따라 생生하고 멸滅하는 마음의 가짓수(種種)를 측량할 수 없으므로, 무량한 세계의 무량한 중생이라 한다.

악령·악귀·마귀 등, 일체 귀신들의 정체를 알지 못하면 이상한 신앙심이 조성된다. 무엇일까, 저 귀신들의 정체는? 그것은 바로 마음(心)이다. 그것도 부자유한 마음이 특히 악귀들이라 한다. 이것은 내가 될 수도 있고, 내 아내가 될 수도 있고, 몸을 동반할 수도 있고, 몸을 동반하지 않을 수도 있다.

분명한 것은, 그것은 때려잡아 죽이거나 가두어지는 대상이 아니고, 자비가 지극히 필요한 가엾은 참새와 같은 구제의 대상이라는 것이다. 그런데도 악령을 무조건 퇴치하고 사갈시하는 종교가 있다. 악령은 쫓겨나서 도대체 어디로 가야 된다는 말인가?

그 갈 곳을 잘 설해 주는 이에게 자비스러움이 있고, 자비야말로 일체의 마음을 다스리고 조복받는 또 하나의 마음이라는 것을 알면, 무자비하게 방언方를만 구할 것이 아니라, 가엾이 여기는 마음으로 구제하여야 한다는 것을 알리라.

101
1995년 2월 6일 월

혜미의 외국어대 합격통지서와 등록금 통지서를 가서 받아옴.

믿음이라고 하는 것은 행위의 근거, 혹은 기초적 확신을 부여하기 위한 마음을 지니는 것을 말한다. 따라서 무엇을 믿는 사람은 무엇을 행하기 마련이다. 그러기에 행함이 없는 믿음은 죽은 믿음이라고 한다. 그래서 잘 선택해서 잘 믿어야 한다.

사람은 믿는 대로 행하기 때문에, 우매한 것을 믿으면 우매한 짓을 되풀이하면서도, 그것을 지혜있는 것으로 받아들이면서 다른 이에게도 권한다. 예컨대 자기는 다른 목숨을 잡아죽이고, 심지어 그 고기를 먹고, 내지 자기 일가친척이나 자식에게까지도 먹게 하면서, 자기 목숨은 축복 받고 오래 살기를 바라는 것은, '창조'의 의미를 그릇되이 믿고 있기 때문에 행하는 우매한 짓이다.

죽일 것까지 없이 그냥 지나가는 사람에게 귀싸대기를 한 번 갈겨봐라.

그대가 과연 무사하게 될까…. 아니, 귀싸대기를 올릴 것까지도 없고 욕한 번만 해보아라. 그대가 과연 무사하게 될까…. 하물며 죽임에 있어서이랴?

102
1995년 2월 15일 수

어제, 어머니와 혜미가 상경.

현숙누나, 혜미 편에 삼촌만 드리라고 옥돔 한 상자 보냄. 집에 와 열어보면서 약간 우울한 생각. 그렇게 많이 보내면서 왜 나눠먹으라는 말을 못할까! 단 두 마리 보내면서도 한 마리씩 나눠 먹으라고 해도 되련만….

반은 나누어서 큰누나네로 보내라고 아내에게 말하면서, 나도 사소한 것에 욕심을 부리는 버릇은 이제 버릴 나이가 되었다고 생각했다.

우주의 법칙은 함[doing, 행위]에 의하여 차곡차곡 무엇인가 결정되어가는 것을 알 수 있다. 어떤 주재자에 의한 것이 아니다. 자기 행위의 저편에 어떤 신神이 그것을 조종하고 관여하고 있다고 생각하면, 부끄럽고도(그것이 착한 일일 경우) 비겁한(그것이 악한 행위일 경우) 사고방식이 아닐 수 없다. 언제나 스스로 하고 스스로 그 결과를 감당한다. 그러므로 잘 선택하여 잘 믿어야 한다.

103
1995년 2월 16일 목

전생前生이란 무엇인가?

바로 일분 전이 나의 일분 전 전생이고, 어제는 오늘의 전생이며, 십 년 전은 십 년 전 전생이고, 태어나기 전은 금생의 전생이고, 그리고 앞생각은 뒷생각의 전생이다. 현재가 있으므로 과거가 있는 줄 알겠고, 과거가 있으므로 또 다시 끝없는 과거가 있었음을 알게 된다. 그 중에는 기억이 생생하여 또렷이 추억되는 것도 있고, 전혀 기억이 없는 것도 있지만, 기억력이란 그다지 믿을 것이 못 된다.

그러므로 그대의 전생을 알고 싶으냐? 경에 이르기를 현재의 그대가 받는 안팎의 과보가 그것이고, 내생을 알고 싶으냐? 현재 하고 있는 그것이 바로 너의 내생이다. 그리고 과거는 이미 지났고 미래는 아직 오지 않았으므로 우리가 관여할 수 있는(지배할 수 있는) 것은 오직 현재뿐인데, 현재라고 했을 때에는 이미 그것도 흘러간 과거가 되고 있으니….

과거의 악업으로부터 예속받지 않고 미래의 행복을 섬기지 않으려면, 다만 현재의 그 당처當處를 관觀하라. 끊임없이 물러서지 않고 관하면 정진精進이요, 군건히 하면 믿음이요, 기꺼이 하면 예불이니, 조석으로 하여 이익을 얻어라.

104
1995년 2월 25일

41번째의 생일.

불혹不惑의 나이라 했는데 유혹有惑이 오히려 치성하다. 아견我見이 있으므로 '나'와 '나의 것'이 보이고, '나'와 '나의 것'이 있다고 보인즉 '내'가 늙고 쇠하여가고, 그러한 데서 오는 '나의 것'이 없어진다는 망상이 생겨나고, 그에 따라 오히려 목숨욕, 음욕, 소유욕이 더욱 늘어만 가는 것 아닌가!

삼세三世의 스승되신 붓다께 부끄러운 일이다. 가르침 받아온 것은 최상승법最上乘法이건만 정작 타고 가는 것은 중생심衆生心이구나.

인연 있어 만난 불법佛法이건만 업습業習이 있어 함부로 삼독三毒을 버리려고 아니하니, 만일 이 법法으로도 아니 된다 하면, 어찌하여 능제일체고能除一切苦 한다 하셨을까…!

능히 일체의 고苦를 제除한다 함은 지혜의 완성을 말하고, 지혜의 완성이라 함은 현상세계[色]와 나타나지 않는 세계[空]를 꿰뚫어 봄이 매우 자재自在하여 모든 고액을 우스개 소리쯤으로 아는 것.

이 목숨에 과거·현재·미래가 있으니, 실로 그 삼세는 수량으로 헤아리기 어렵다.

'목숨의 끝없음을 들어, 삼세의 붓다께 귀명歸命하오니, 자비로서 받아주소서!'

105
1995년 3월 6일 월

지난 3월 4일 혜라 결혼식. 은평감리교회. 금 20돈 기준하여 축의금.
저녁에 큰누나네 모임. 영아 어머니의 귀한 걸음에 늦게까지 담론.
너무 치우친 신앙관을 우려, 담론에 끼어 들어 방해(?)함.
마음이 거룩하면 성령이요,
마음이 깨끗하면 삼명신통三明神通이요,
마음이 자비하면 보살성인이겠거늘,
자기 마음〔보물〕은 놔두고 밖으로만 구하니 U·F·O가 하나님.

106
1995년 3월 13일 월

어제,
큰누나네 다녀오다 아내하고, 아니 아들놈들하고 차 안에서 한바탕.
승인이가 외할머니 댁에 들렀을 때, 할머니하고 안 떨어진다고 울다가 토했기 때문. "쌍놈의 새끼, 대갈통을 후려쳐…" 하고, 이제 겨우 첫돌이 지나고 두 돌이 돌아오는 아이에게 아비인 내가 한 악다구니 소리다.
'목숨을 걸고 성내지 마라'고 하신 스승님의 간곡하신 당부를 받들겠다고 다짐하는 그 아이의 아비의 끝간 곳은, 지옥에서도 찾아보기 힘든

그런 곳이었다. 그게 무슨 분노할 일이라고, 목숨 내놓은 사람처럼 악을 써가며 온통 사위사방을 괴롭혔을까?

집에 와서 아내는 그 때문에 아이들하고 문 걸어 잠그고 베개까지 문밖으로 내동댕이치며 항의(?)했는데, 그 아비란 작자는 '남편' 대접 안 한다고 그 밤을 외박해 버리기도 한다. 도대체 그 아비란 놈은 무엇을 믿고 그러는가? 가르침에선 멀어지고 성 잘 내는 심보만 보물처럼 간직하고 다니니, 지옥이 실재하지 않아 다만 '마음'뿐임을 믿고 그런다고 한다면, 따끔하게 한마디 해주리라. 죽을 것까지는 없고, 그 마음 그대로가 지옥이니 살아서 내내 지옥생활 하느라 얼마나 고생이 심하겠느냐고. 살아서도 지옥인데 하물며 죽어서이겠는가!

참회하나이다. 참회하나이다. 참회하나이다.

시방삼세 여래께, 이 몸 기필코 참회하여 여래께서 당부하신 법음法音을 받아지님에 거스리지 않으오리이다.

107
1995년 3월 15일

무엇을 악몽이라 하는가?
귀신 꿈을 꾸는 것?
죽임을 당하는 꿈?
살생하는 꿈?

아니다, 아니다.

세간에서는 그런 것을 악몽이라 하지만, 불자佛子에게 악몽이라 함은 뉘우치고 참회하지 않음을 악몽이라 한다. 목숨을 들어 돌아가 의지함에 있어, 의심하여 망설이는 것을 악몽이라 한다.

법문法門의 다기多岐함을 보고 산란한 것을 의지함을 악몽이라 한다(산란함에 종착되는 것을…). 이러한 악몽은 실로 헤어나기 어렵다. 세간의 악몽은 잠에서 깨어나면 벗어나지만, 불자의 악몽은 생시에서나 잠에서나 벗어나기가 힘이 드니 어쩌면 좋겠는가?

그대여,

용맹있게 정진하고 목숨걸고 뒤로 물러서지 마라. 악몽이 절로 물러나고 불佛의 어루만짐을 느끼리라. 그때에 하룻밤쯤 눈물로 염불하며 지새울 수 있으리….

108

1995년 3월 29일 수

'오직 이 마음뿐'이라는 것을 안다는 것은, 만 가지 사마邪魔에서 벗어나는 진언眞言이다. 행주좌와에서, 꿈이나 생시에서, 즐거움이나 괴로움에서, 그뿐이랴. 생로병사에서도 오직 이 마음뿐이라는 것을 안다는 것이 얼마나 희귀한 일인가 하면, 3천년에 한 번 피었다가 곧 지고 마는 우담바라 꽃을 그대가 만나는 것처럼 어렵고, 눈 먼 거북이가 3년에 한 번씩

대해大海에서 머리를 올리는데, 어쩌다 그 순간에 나무토막을 만나는 것처럼 희귀한 일이다.

실로, 어려운 일이다. 어려운 일이야.

오죽했으면 육신통六神通을 고루 갖추었고, 변재가 뛰어남이 세상 모든 과거·현재·미래의 지혜자들이 합하여도 대론對論할 수 없으며, 전 우주에 내리는 빗방울의 수효도 알고자 하면 절로 아는 지혜를 구족하신 붓다께서도 망설였던 것일까!

오직 마음뿐이라고 말씀하신 것을…!

마음 밭에 업業을 지으니,

생로병사가 일어나고,

생로병사를 거두어들이니,

희로애락이 주렁주렁 달려져 나오는데,

업이란 것도 다만 마음뿐인 것을 알면,

해탈이란 것은 거짓말,

오직 마음뿐인 것을.

109

1995년 4월 17일

3월 30일~4월 8일까지 인도 여행, 오문택 동행.

친구들이 보고 싶다. 군칠이에게 핸드폰 걸다.
이번 주말에 시봉집에서 다 모인다고 한다.
모든 것 잊고 다녀와야지.

110
1995년 4월 26일

만일 범계犯戒하였으면 참회의 문으로 들어가라. 그 문이 아니면 능히 숨을 곳이 없기 때문이다. 일체의 선대조사先代祖師들께서도 참회를 즐겨 하셨거늘, 어찌 오늘의 우리가 참회를 게을리 하겠는가?

대저 비둘기는 어쩌다 사냥꾼의 손에서 놓임을 받을 때도 있지만, 업으로 인한 과보는 한 터럭도 물리지 못하니, 다만 사뭇 뉘우치고 다시 짓지 않음으로써만(그것을 업으로 하여) 거친 세계를 피할 수 있느니라.

참회하지 않고서 떳떳해지는 법은 없으므로, 언제나 마음에서 멀리 놓지 말고 말법시대의 거친 중생의 모습을 위로하고 벗어나기를 바란다.

허공에 티끌 하나도 숨길 수 없듯이,
그대 마음에는 억만 분의 일의 염念도 숨길 수가 없으므로,
업業의 산과 보報의 바다가 있다.

111

1995년 5월 2일

사람들이 그토록 믿기 어렵다고 하는 것이 다름 아닌 자기 마음이라니…! 마음이 천지만물天地萬物과 천변만화千變萬化의 주인공이라는 것을 믿기 어렵다고 하니…! 그러면 도대체 무엇이 믿을 만한 것인고?

하늘일까? 때때로 구름에 쌓여 명明 하나도 못내는 것을—,

구름일까? 시시때때로 움직여 종잡을 수 없는 것을—,

땅일까? 그 진동으로 산이 바다가 되고 다시 산이 되었다 하는 것을—,

'나[我]'일까? '나'라면 무엇이 '나'인가? 이 몸이 '나'인가? 이 몸이 '나'라면 없어지는 몸은 '누구'인가? 부모형제와 그에 속한 것일까? '나'랄 것도 없는 판에 하물며 '남'이겠는가?

그러므로 알라.

믿음 있는 자가 되고 믿음 없는 자가 되지 말라고 한 예수의 말이 어떤 뜻이 있는지를….

'믿음'은 여여如如하므로 여래如來이며, 증감增減이 없으므로 그대로 마음이니라.

112

1995년 5월 16일 화

요즘 꿈이 사납다. 때로는 가위에 눌리기도 한다. 몹시 서글프다. 팔정도八正道는커녕 팔악도八惡道로구나. 유심唯心의 도리道理를 깨치기 이리도 힘들다니…!

경에 '부지런하고 게으르지 말라'고 말씀하셨다.
무슨 뜻일까? 그대 만일 이 말씀을 몸에 붙이고 다니면, 오히려 몸의 업을 증장시키는데 노력하게 될 뿐이고, 만일 마음에 빈틈을 주지 않는데 쓰면 능히 마군의 장난을 벗어나리라.

내 뜻에 거슬리는 경계를 괴로움이라 한다. 괴로움이 결코 따로 있어 주어지는 것이 아니다. '나'가 있고 '뜻'이 있고 '경계'가 있으면 생기는 것이다. 마치 성냥이 있고 비빔이 있고 나무가 있으면 불이 생겨 뜨거움이 있는 것처럼….

113

1995년 7월 11일 화

인간은 생사화복生死禍福을 담보로 잡힌 노예에 불과하다. 만일 그가 생사화복을 지고至高한 가치척도로 삼고 있다면…. 생은 좋아하고 사는 싫어하며, 화는 멀리하고 복은 가까이 하는 것이 삶의 의미라고 생각한다면, 그런 동물에게는 노예의 운명으로 조합組合되도록 세계는 진화하고 그에 따른 철학과 종교가 발달한다.

그래서 죽다가 살아나면 생사를 주재하는 신神이 있다고 하고, 화를 당하다가 복을 만나면 화복을 관장하는 신을 숭배하기도 하는데, 그게 다 자기 스스로가 일으켰다 세웠다 하는 것임을 깨닫지 못한다.

산이 보이는 것은 빛과 눈과 의식 그리고 산이라고 부르는 대상이 있어 비로소 산이라고 하는 것인데, 이렇듯 모든 것이 화합하여 건립되었다가 화합이 허물어지면 따라서 허물어지는 것이어늘, 우주 어디에 이런 이치를 벗어나서 존재하는 '절대(자)'가 있단 말인가!

생도 화합으로 있다가 화합이 다하면 없어지고 사화복死禍福도 마찬가지인데, 주재하는 신이 있다고 한다면, 그 신은 어느 우주 어느 이치에서 사는 생물일까!

114
1995년 7월 14일

그러한 때가 온 것일까?

모두에게 이치[宗]가 그러하고 가르침[敎]도 그러하다고 할 만한 진정한 거기에, 결정코 그렇다고 하는 나의 믿음을 일으켜 세운다고 말해야만

하는 그러한 때가… 온 것일까?

새벽마다 눈물로 기도하는 나의 어머니는 또 얼마나 나를 안타깝게 생각하시고 섭섭해하실지…. 아, 어찌하여 저 '오직 하나!'만을 고집하는 종교에 사람들은 부모형제도 몰라볼 만큼 이기적이고 맹목적일까! 마치 공산당에 가입한 사람처럼…. 왜 하나가 곧 둘이요, 둘이 곧 하나이며, 우주가 한 티끌 속에 있고, 한 티끌 속에 저 광대한 우주가 있으며, 밖은 안을 말함이요, 안은 밖을 말하고 있음을 인정하지 못하고, 오직 '예수'라는 두 글자에 갇혀 모든 것을 걸고, 자신을 온통 드러낼까?

첫째는 무지이다. 그들은 세계世界, 즉 시방十方의 공간과 삼세三世의 시간을 모른다. 가르쳐주는 이도 없어서 서로서로 무지를 전하기 때문이다.

둘째는 '얻고자 하는 마음의 종교'이기 때문이다. 하나님을·예수를·기적을·부활을·천당을·만사형통을·병 없음을·방언을·능력을·은혜를·기타 등등, 알고 보면 끊임없이 얻고자 하는 마음심보에 얹혀 있기 때문에, 오직 구하고 찾는 것이 '얻음'을 의미하고 있는 것이다. 그러나 얻을 것이라고는 '얻을 것 없음'뿐이요, 그 '얻을 것 없음'조차도 그 흔적조차도 없음이, 마치 허공을 날아가는 새의 자취 같음을 알진댄, 도리어 눈의 피로만 얻고 허공 꽃을 보고 환희하고 있음을 정녕코 모른단 말인가!

셋째는 방편이 없다. 들어가고 나가는 데와, 취하고 버리는 데와, 세우고 눕히는 데 있어 방편이 없어서, 들어가면 나갈 줄 모르고, 취하면 버릴 줄 모르며, 세우면 눕힐 줄 모르는 때문이다.

넷째는 말하자면 업습業習 때문이다. 이치와 가르침에서 항상 변방으로만 쏘다녔기 때문에, '오직 하나뿐'이라는 지극히 쐬기 쉽고 초보적이기에 수용하기 쉬운 그런 이치와 가르침에 의지하게 된 것이다.

모름지기 알라.

얻을 때가 바로 버린다는 생각 없이 버릴 때라는 것을…! 얻음의 종교여, 내 너를 알고서는 버리기를 부자가 헌 옷을 버리듯, 나그네가 유숙했던 집을 떠나듯 하였나니라!

115
1995년 7월 18일 화

어저께 제주도 어머니께서 전화를 하셨다. 교회에 나가게 해달라고 매일 같이 불공(?) 드린다며 원망스런 말씀이시다. 다음 주부터는 꼬박꼬박 다니겠다고 말씀드렸다. 세상 모든 중생의 모든 소리를 관觀하시는 분도 있는데, 자식된 몸으로서 제 어미의 간절한 음성 하나 관해 드리지 못하면서 위로 무엇을 구할 것인가? 비록 종宗과 교敎가 다르다 해도 그런 것은 자식된 도리를 다함에 장애가 되는 것은 아니다.

116
1995년 7월 19일 수

'마음에 걸림이 없으므로 두려움이 없고, 뒤바뀐 꿈과 같은 생각을 멀

리 떠나나니….' -『반야심경』중에서-

이것은 지혜의 언덕에 의지하는 성자들의 신앙고백이다. 범부의 고백은 아니다.

그럼 범부의 고백을 들어 보라.

'마음·마음마다 서로서로 앞뒤로 장애가 되어 번뇌가 생겨나고, 번뇌에 의하므로 두려움이 생기고. 그런 까닭에 곧은 생각을 가까이 할 수 없어 경계마다에 부모형제·처자식·친척, 이 종교·저 종교, 이름에 의지하지만, 허망하기는 저나 나나 마찬가지일 뿐, 이러한 쳇바퀴에서 아주 떠날 기약도 없어 고달프구나!'

아아, 그대 자칭 범부여 알라!

성자도,

범부도,

다만 마음으로 그리 되는 것을.

마음이 그러하므로 성자요, 마음이 이러하므로 범부인 것을, 달리 무엇이 있어 성聖·범凡을 논하리오!

117
1995년 7월 27일

마음이 움직이면 사람뿐만 아니라 태산도 움직이고, 심지어 허공까지도 움직인다. 실로 묘한 이치이다. 하물며 마주 앉은 앞의 사람이겠는가! 앞의 그 사람은 그냥 있건만 내 마음이 움직여 밉기도 하고 고웁기도 하다.

업보業報에 의해서 보는〔觀하는〕마음이니, 어찌하면 해탈해서 참모습을 보게 될꼬!

118
1995년 8월 1일 화

'나〔我〕'가 있다는 생각에서 백가百家가 성립되고, 그 '나'가 없어질 때에 백가의 모든 종지宗旨도 없어지므로, 무엇을 의지해 보려고 그대는 동서남북과 위 아래로 그 '나'의 구원을 의탁하려는가?

만일, '나'가 없는 것이 정말이라면, 구원은 원래 없는 것이 토끼의 저 뿔과 같고, 허공 꽃과 같다 할 것이다. 만일, '나'가(없어지지 아니하고) 영원불멸할 것 같으면, 이미 영원불멸한 것에 구원이 무슨 뜻 있는 복음福音이겠는가!

그대 구원을 믿는 자여, 내게 말해보라. 무엇이 구원받아야 하는 것인가를…. '나'인가? 만일, '나'란 것이 있어 그 '나'가 구원을 받는다고 한다면, 또 한 번 더 자세히 묻노니, 말해 보라. 무엇이 진정한 '나'인가를….

살펴보건대,

실로 찾아보아도 그 티끌 하나도 찾을 수 없는 것이, 바로 '나'란 물건인데, 모든 철부지 어린이들이 '나'가 존재한다고 공연히 생각하여, 거기에 다시 구원을 상정하여 올려놓고 여기저기 분주하게 움직이니, 그 피로함을 긍휼히 여기고 싶구나.

119
1995년 8월 4일 금

휴가중인데 회사에 나왔다. 아내 그 특유의 고집부리는 자해행위(?)가 보기 싫어서다. 휴가 보낼 곳이 마땅치 않아 집에서 독서나 하려고 했더니, 아내는 하다 못해 그 흔한 롯데월드라도 안 간다고 골통(?)부리는 것이다. 이럴 땐 정말 질색이다. 안 가면 안 가나보다 하고 그냥 가볍게 살짝 투정하고 마는 그런 종족이 아니다. 끝까지 물고 간다. 주제가 가볍건 무겁건 한 번 골통 부리기 시작하면 심지어 죽음까지 불사할 기세가 되곤 한다.

새삼, 이젠 그런 아내가 무섭다. 헤어지고 싶을 정도로….

아이들 생각에 선뜻 결행할 일은 아니지만, 한 남자가 그의 곁에 있고 싶지 않다는 비밀(?)을 간직하고 있다는 사실을 모른 채 골통부리는 여자, 나의 아내가 가엾다.

아, 홀로 서 있는 이여, 그대가 참으로 장부이지, 이 몸은 아니구나.

120
1995년 8월 11일

'관觀'하지 않으므로, 즉 살펴보지 않으므로 생·멸生滅을 모르고, 생·멸을 모르므로 거래去來를 모르고, 가고 옴을 모르므로 제 한 몸으로 하루 종일 별별 짓을 다한다. 그러면서도 그것이 생로병사生老病死인 줄을 전혀 알지 못한다. 삼라만상[色]모든 것이 텅 비어 있다[空]고 설하기 위해서 그대에게 우주를 보여준다고 하더라도, 심히 두터운 업장이여, 때가 아니면 날이 저물지 않는 것과 같으니, 도리어 진리에 대한 혼돈의 어지러움만을 호소하는구나! 가여울 뿐이다.

마음을 다하고, 뜻을 다하고, 성품을 다하여 오직- 주主, 너의 하나님을 사랑하라고 하는 성경말씀. 전력을 다하여 망설이지 말고 확신을 갖고, '사랑함'을 익히고 배우라는 뜻인 줄을 모르고, 오로지 '하나님'만을 사랑하라는 말로 알아듣는 사람들…. 그리고 그 하나님을 하늘 저편에 계시다고 믿는 사람들…. 아, 천지만물과 동서남북을 그대로 사랑해야 하는 것들임을 모르고….

121
1995년 8월 12일 토

회사 일로 전남 장성에 갔다가, 친구 달춘이 지리산 칠불사에 있다는 소식 듣고, 장성 - 광주 - 구례 - 화계장터 - 칠불사행(버스로). 1박 하고, 새벽예불 드린 후 2시간 참선하고, 아침에는 발우공양까지 하고 9시 30분에 하산했다. 아쉬워하는 친구의 전송을 뒤로 하고….

상相이란 무엇인가?
상이란 겉에 드러난 것이고 육안으로 다 볼 수 있는 것들이다. 인연에 의한 것이므로 인연 따라 보기도 하고, 또 인연이 없으면 못 본다. 장엄하면 삼십이상 팔십종호이고….

'내'가 있다고 생각하면 아상我相, 내가 '사람'이라고 생각하면 인상人相, 사람 아닌 뭇 생명들에 휘파람 불면 중생상衆生相, 살겠다고 고집부리면 수자상壽者相.

122
1995년 8월 24일 비

이 세상은 내가 없어도 비행기는 날아가고, 버스는 시간 맞춰 출발하고, 영화는 개봉된다. 그래도 이 세상은 오직 나 하나만을 위하여 존재한다. 분명히 나 하나만을 위하여….

이 세상은 내가 없어도 비는 내리고 눈은 쌓이며 바다는 출렁이고 산은 우뚝하다. 그래도 이 세상은 오직 나 하나만을 위하여 존재한다. 분명히 나 하나만을 위하여….

나는 그만큼 모든 것에 뛰어나 있고, 그것들의 지극한 예배를 받고 있다. 산과 바다가 그렇게 나에게 예배한다. 비행기와 버스와 신작 영화들이 시간을 맞춰 나에게 예배한다. 오오, 천상천하유아독존天上天下唯我獨尊이여….

123
1995년 8월 31일 목

며칠 전, 철없는 아내와의 대화 한 토막.

나 - 제주도 어머니께 생활비 부쳐드렸나?

아내 - (잠잠) …!

나 - 보냈어, 안 보냈어?

아내 - (어찌어찌 하다보니) 못 보내드렸어요….

나 - 도대체, 혼자 계신 어머니는 어떻게 살라고 그러는 거야! 어찌어찌 하고 넘어갈 일이 따로 있지.

아내 - 이것저것 다 빼고 나면, 살림은 어떻게 살아요!

나 - (하도 어이가 없어 말도 안 나온다)…!

아, 우리는 철이 없는 것이 아니라, 죄를 저지르고 있구나! 그것도 아주 몹쓸 불효의 죄를…. '살림'이라고 하는 것, 그것이 인생의 모두를 차지하기엔 너무나 허무한 것이 되는 순간이 있다면, 바로 이 순간일 것이었을 거다. '삶', 그 자체를 포기하고 싶은 그런 순간말이다.

124
1995년 12월 27일

마음은 인연을 따라 건립된다. 인연을 자유자재로 하던가, 마음을 인연에서 벗어나게 하던가, 하는 결정적인 힘 또한 마음이 내고 마음이 쓴다. 그대가 용을 쓴다고 무턱대고 얻어지는 것이 아니다. 삼계三界가 오직 마음뿐임을 안다면 곧 평안을 얻으리라. 육도六道가 다만 마음의 놀이터임을 안다면, 인간이 만든 놀이터는 지옥임(육도 중의 가장 하급처)을 바로 알리라.

마음이 있으면 인연 따라 생각이 일고, 생각이 일어나면 모양이 생기고, 모양이 생기면 생로병사生老病死가 마군魔軍처럼 들러붙는다. 이 모두가 다 한마음에서 빚어지는 허깨비 장난이다. 마음은 그런 것이다.

아이 때는 칭얼대고,

어른일 때는 음란하고,

병들어서는 유순하고,

늙어서는 온통 겁을 내어, 걸핏하면 '나 죽는다'는 두려운 망상에 빠진다.

태어나서 죽기까지 별 짓 나하는 그런 것이 마음이다. 그러나 알고 보면 이 마음은 육신통六神通을 고루 갖춘 신통묘용神通妙用 그대로다. 참으로 불가사의한 것이다. 그렇다. 생로병사生老病死·행주좌와行住坐臥·친소거래親疎去來가 그대로 신통묘용이다.

125
1996년 1월 4일

눈 먼 사람이 바깥 세상을 보게 되면 광명을 얻었다고 한다. 눈 있는 사람이 안쪽 세상을 보게 되면 눈 밝은 사람이라고 한다. 오직 눈 밝은 사람만이 이 세상과 저 세상을 다 보게 되어 자기도 잘 건너고 남도 잘 건너도록 잘 인도한다.

그대가 만일 눈 밝은 이가 아니라면 함부로 노를 젓지 말라. 그대뿐만 아니라 남도 빠뜨릴까 두렵다.

126

1996년 1월 6일 토

어젯밤 꿈에 아버지를 보았다. 아버지 자전거를 내가 타고 놀러갔다가 11시 예배시간이 된 것을 보고 바삐 돌아왔다. 어머니께서 아버지는 벌써 교회로 가셨으니 어서 가져 드리라고 재촉해서, 막 출발하여 가는데 아버지가 길에서 쓰러진 것을 친구들이 부축하는 것을 보고, "아버지, 접니다. 큰아들입니다" 하고 외치다가 깨어났다.

지난달에는 큰 매형의 꿈속에 아버지가 나타나시어, 배고프다고 막 야단치시는 꿈을 꾸었다고 했다. 참, 걱정이다. 사람마다 마음 그릇이 각기 다르니, 각각 그릇 속에 비치는 형상대로 꿈도 생긴다고 하지만, 혹시 아버지가 아직도 음계에 계신 것은 아닐까 하고 슬픈 근심이 든다.

나의 삼보三寶에 대한 믿음과 귀의가 모자라서, 아버지와 남은 고사하고 나 자신도 벅 차는 판이라 부끄럽고도 부끄럽다. 삼가 귀명삼보歸命三寶에 전력을 다할 뿐이다. 이러한 귀의공덕歸依功德이 돌아가신 아버지께 전부 회향되기를 기원하면서….

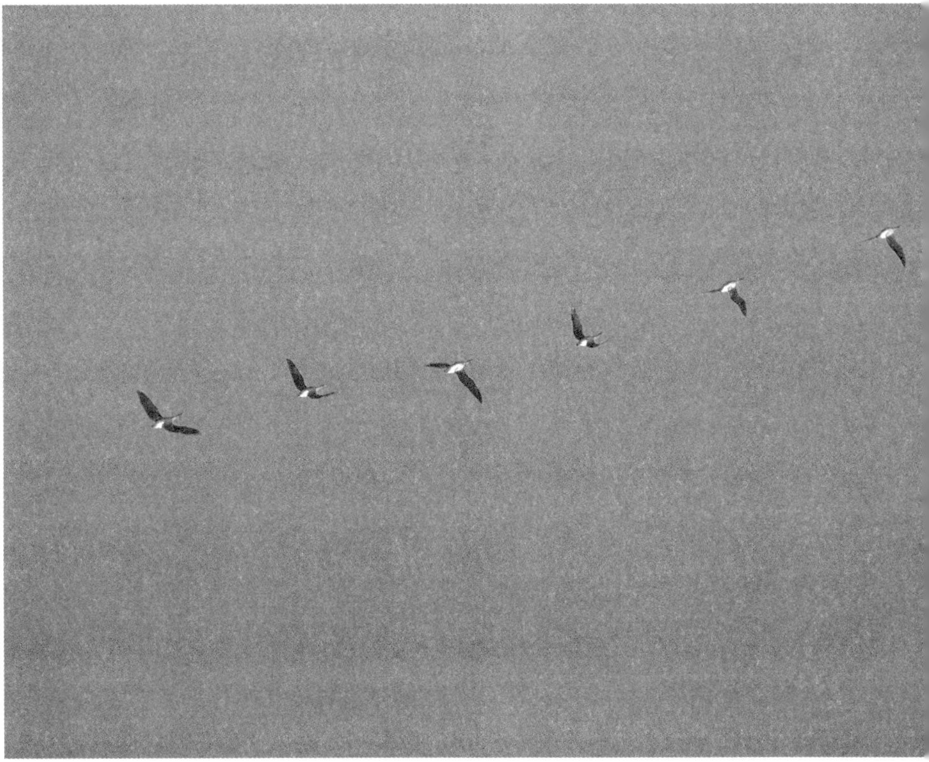

127

1996년 1월 7일 일

현숙누나와 혜미와 교회에서 예배.

목사의 설교 : 죄의 전염성을, 성문 하나가 무너지면 온 성안 사람이 화를 당하는 것으로…. 인류의 조상인 아담, 그 시초의 죄가 모든 인류에게 유전되어 그 화를 받는 것으로 비유.

그러나 죄에 대하여 다음의 정의定義를 보면 그는 어떻게 생각할까?

罪無自性從心起 죄는 스스로의 성품이 없어 다만 마음 따라 일어나고,
心若滅時罪亦亡 마음이 없어지면 죄도 따라 없어진다.
罪亡心滅兩具空 죄와 마음이 모두 텅 비어 있음,
是卽名爲眞懺悔 이를 일러 참다운 참회라 하네.

마음의 도리를 이해하는 이는 구태어 밖으로 구원을 찾아 헤매지 않지만, 그것을 모르므로 항상 밖을 헤매 돈다. 오로지 일체유심조一切唯心造다. 예배 끝내고 고려대학교로 혜미 데려다 줌. 예비소집.

128
1996년 1월 8일 월

　은혜를 구하는 것도 자기 마음으로 구하고, 은혜를 받는 것도 그 마음으로 받으면서도, 마음이 모든 것을 내는 것이라는 말을 알아듣지 못하고, 도리어 사론邪論이라고 핍박 내지는 폄하하는 사람들…. 마음 밖의 것을 찾는 이가 곧 우상숭배자라는 것을 전혀 알지 못한다. 그들이 그리스도의 그림자나 찾을 수 있을지…?
　『금강경』의 멋드러진 글귀를 보시라.

若以色見我　만일 모양으로써 나를 보려 하거나,
以音聲求我　음성으로써 나를 구하면,
是人行邪道　이 사람은 삿된 도를 행하는 것,
不能見如來　능히 여래를 보지 못하리!

129
1996년 1월 24일

　그대에게 자비를 베푸는 길은 진정 내가 깨닫는 길뿐이다. 그대에게 자비를 베푸는 것만이 내가 할 수 있는 전부라는 것을…. 그렇지 않고는 오직 부끄러움만 있을 뿐이다. 내가 자비를 베푼다는 것이.

나는 그대가 곧 줄이 끊어질 엘리베이터 안에서 빨리 나와 주기를 바라지만, 그러나 나는 모른다. 그 엘리베이터가 언제 추락할 것인지를…. 나의 자비라는 것은 내가 그대가 타고 있는 엘리베이터 속에 같이 타 줌으로써 그대가 안전해지는 것. 그러나 이것은 매우 어려운 일이다. 그 엘리베이터가 안전한 것이기 전에는, 그러므로 그대에게 주는 나의 자비는, 내가 안전한 엘리베이터를 잘 골라 타 주는 것이다. 그대에게 진정 필요한 것은 내가 함께 있는 것. 내가 그대와 함께 있어 주는 것, 이것이 진정한 자비일까? 그리고 내가 깨달아야 하는 이유가….

130

1996년 1월 27일 토

현실도 '마음'이 벌이는 짓이고, 꿈도 '마음'이 벌이는 짓이다. 부처님·예수님도 마음의 짓이고, 태어남[生]과 죽음[死]도 모두 그렇다. 살생과 자비도 마음이 내는 것이고, 거두어들이고 놓아줌도 역시 그렇다. 그러므로 '마음 밖에 한 물건[一物]도 없다'고 하였으니, 숨을 때는 티끌 속도 오히려 넓고, 나타낼 때는 우주라 할지라도 오히려 모자란다. 이를 일러 일체유심조一切唯心造라 한다.

걱정하는 마음으로는 꿈을 꾸어서라도 애써 그 일을 벌이는 것이 마음이고, 용맹심으로는 실로 목숨을 버리고서라도 '부모미생전父母未生前의 나'를 찾고 나서는 것이 이 마음이다. 사람들이 이 마음으로 일으키고, 이 마음 장場에서 벌어지는 것을 알지 못하고, 실재實在를 밖에서 찾으려고만 하는 까닭에, 꿈이라도 한 번 잘못 꾸게 되면, '하늘이다·땅이다·길하다·흉하다' 하며 온갖 수선을 떠는데, 마음에는 실로 하늘도·땅도·길흉화복도 따로 없으며, 더욱이나 몸(身)은 지수화풍地水火風이라, 하늘·땅·길흉화복이 달리 있을 리가 없다.

다만 마음이다. 마음이 내는 흉측한 물건들뿐이다. 그대의 꿈·현실·길흉의 온갖 생각들은….

131
1996년 1월 30일 화

혜미, 서울대 신문학과 합격. 잠시 중생심衆生心을 내어 제주도, 서울 등으로 여기저기 전화해대며 기쁜 하루. 아버지가 살아 계셨다면 무척 좋아하셨을 텐데….

'나(我)'란 무엇인가? '나'는 가설假說이다. 방편方便이라고 할 수 있을까? 방편이라고 할 수도 있고 없기도 하다. 왜 가설일까? 생사生死가 있기 때문이다. 몸을 들어 하는 말이 아니다. (몸은 물론) 육식六識까지 부단히 생·멸生滅하기 때문에 생각의 생사이다. 만일 이 몸과 생각 있음을 들어 '나'라고 한다면, 그것은 찾아도 찾을 수 없는 허공의 꽃이요, 구하여도 얻을 수 없는 토끼의 뿔과 같은 것이다.

132

1996년 3월 8일

아이들이 자는 모습에서 나를 본다.

133

1996년 3월 18일 월

어머니가 일주일 동안 올라와 같이 계시다가 오늘 서울 누나네로 가셨다. 생각 같으면 같이 모시고 살고 싶은데, 타향살이를 어머니가 배겨내지 못하실 것이다. 일주일도 무척 심심해하시니….

자동차로 모셔다 드리는 아들인 내게 교회 잘 다닐 것을 간곡히 말씀하신다. "예" 하고 말려다가 집착하는 마음을 관조觀照하는 게 더 흥미 있음을 말씀드렸다. 예를 들어 나는 죽어서 천당 가는 데 흥미가 있지 않고, 내가 지금 현재 어떤 마음에 집착하여 매어 있는가를 직시하는 것, 그렇게 할 수 있는 것에 더욱 흥미를 갖고 있다는 사실을….

내가 지금 성내고 있다면, 나의 마음은 성냄(의 원인)에 집착하고, 거기에 매어 있기 때문에 성냄은 일어나고 유지되는 것이다. 내가 만일 교회에 안 나감으로써 조금의 죄책감이라도 있다면, 죄책감의 마음에 집착하고 거기에 매어 있기 때문에, 죄는 생겨나고 유지되는 것이다.

이것을 벗어나려면 대략 세 가지가 있다.

첫째는 교회에 꼬박꼬박 다녀서 죄책감이 생겨나지 않도록 하는 것.

둘째는 잘 다니지 못한 것을 참회하는 것.

셋째는 교회에 집착하는 마음을 벗어버리고 걸림이 없게 하는 것.

이 중 첫째와 둘째는 대치법, 개의법이고, 셋째만이 근본법이며 사자의 법이다.

134
1996년 3월 19일 화

어제, 어머니를 서울 누나네 모셔다 드리면서 35만 원을 손에 쥐어드리는데 마음으로 눈물이 나더라. 평생에 넉넉하게 해드린 적 없던 터이라. 때마다 드리는 용돈에는 늘 부족한 마음이 따로 전해진다.

세상살이야 그렇다 해도, 믿음으로 사는 자는 하늘나라의 위로를 받는다고 하는데, 부디 항산恒産이 항심恒心이라는 유물론적 마술에 현혹되지 마시고,

一切有爲法	일체의 세상법은,
如夢幻泡影	꿈과 같고 물거품 같으며,
如露亦如電	이슬과 같고 번개와 같으니,
應作如是觀	마땅히 이와 같이 관찰하라.

『금강경』의 이 말씀처럼 항심이 곧 항산이 되도록 하소서.

"엄마, 내가 지금 꿈을 꾼 거야?"

어젯밤, 이제 다섯 살 된 큰놈이 자면서 잠꼬대하기를 '말 잘할 게요. 말 잘할 게요!' 하다가 내가 등을 두드려주자, 제 어미인 줄 알았는지, 또는 또 하나의 잠꼬대인지 모를 소리로 말한 것이다.

저녁 때 동생과 다투기에 손바닥에 회초리 치고 벌을 세우면서 잘못했다고 고백하도록, 아니 자백하도록 윽박질렀더니, 꿈에서까지 벌을 받았나보다. 측은하여 안아 주었더니 제 어미 옆으로 가서 눕는다. 앞으로 벌을 줄 때는 항상 둘을 같이 줘야겠다. 따로 주면 서로 이질감이 생기지만 같이 주면 서로 동질감이 생겨 동료의식을 갖게 해 줄 터이니까. 그렇게 서로 무엇인가를 공유해야 동지애 내지는 형제애가 자라는 것이 아니겠는가.

내가 아이 적에는,

넉넉한 어른이 되어 세상 모든 아이들에게,

무한히 넓고 풍족한 마당을 주리라고 다짐하곤 했건만,

정작 어른이 되어서는 그만 도로 윽박지르는 심술쟁이 아비가 되어버렸네.

135

1996년 3월 26일 화

마음을 들여다 볼 줄 아는 자, 그를 눈 있는 자라고 불러야 한다.

마음 밭을 가는 자, 그를 현자라고 불러야 한다.

마음 밭에 영근 생각들을 가꾸는 자, 그를 어진 농부라고 불러야 한다.

그 마음까지도 실은 텅 비어 있음[空]을 관찰하는 자, 그를 진정한 학자라고 불러야 한다.

무어라고 불러도 천년 전부터 웃고 있는 자, 그를 '천진불天眞佛'이라 불러야 하리라.

조그마한 인연으로 작은 바람이 되었다가, 쌓인 인연으로 태풍이 되어 세상을 날리다가도, 인연이 다하면 머리털 한 올도 움직이지 못하는 것이 바람이니, 곧 너의 호흡이다.

그러므로 호흡에 의지하는 자는 조그마한 인연에 의지하여 쌓여지고 없어지는 그것을 못 면하나니, 태초로부터 모든 영웅호걸들도 결국은 허망한 호흡에 몸을 의지하였으므로 허망하게 사라지고 말았느니라. '담대하라'는 이 말은 인연으로 얻어지는 것에서 눈을 돌려, 여래의 파안대소를 들으라는 것이다. 사자는 그대가 던진 뼈다귀를 쫓지 않고 바로 그대를 향하느니, 오직 개들만이 뼈다귀를 따라 가는 것에 다름없나니….

136

1996년 3월 27일

$2 \times 2 = $ '4'에 대하여 살생한 사람, 그가 계산해도 $2 \times 2 = $ '4'.

방생한 사람, 그가 계산해도 2×2 = '4'.

그러나 살생한 사람에게 '4'는 죽을 사死로 보이고, 방생한 사람에게 '4'는 놓을 사捨로 보이고…. '4'가 사람에게 '나는 죽을 사死자요, 혹은 놓을 사捨자요' 하지 않지만, 사람들은 저마다 업業이 있어 '4'를 놓고 생사生死를 논한다.

이 어찌 미혹한 짐승이 아니리오! 주인공은 놔두고 객들이 둘러앉아 밤낮으로 일으키는 논업論業들이 주인공을 어지럽히는구나. 주인공아! 감연히 몽둥이를 들어 저 객들을 내쫓지 않고 어찌 주인공 노릇 하려느냐! 미혹한 중생들을 구제할 때는 이때이니, 곧 중생들이 미혹했을 때이니라.

137
1996년 4월 3일 수

많은 사람들이 뜻밖에도 '꿈'에 집착하고 그것에 의미를 붙이기 좋아하고, 그리고는 더러 시달림을 당한다. '꿈' 자체가 무슨 의지가 있어서 꾼 사람에게 "이 꿈은 길몽이고, 저 꿈은 흉몽이다"라고 말해 주는 것도 아닌데, 다만 사람이 스스로 그렇게 생각할 뿐이다. 깨어 있을 때는 의지가 분명한 까닭으로 생기지 않던 망상들이, 그 의지가 희미해진 틈을 타서 (잠들었다고 함), 업業에 따라 춤추는 것을 '꿈'이라고 하는데, 다 깨어 있

음이 부족한 탓에 생기는 망상식妄想識이다.

예컨대 어떤 사람의 각성상태가, 행·주·좌·와·어·묵·동·정行住坐臥語默動靜을 지나서, 몽중일여夢中一如가 되고, 다시 오매일여寤寐一如의 상태에 있다면, 다시 무슨 의식이 있어, 그 금강상태의 심식心識을 부릴 수가 있겠는가!

사람이 설혹 심령이 맑고 총명할지라도 깨어서의 일이요 물건일 뿐, 잠들면 오히려 둔한 사람보다도 더욱 번거롭고 분주하게 된다. 이것은 다 그 물건을 붙드는 힘이 깨어 있을 때만 왕성하다. 잠들면 온데간데없어지기 때문에, 그만 심마心魔가 그 물건을 대신하는 것이다. 그것이 곧 '꿈'이라는 물건이다.

이는 마땅히 부끄러워야 할 물건이지, 길몽·악몽 운운하여 깨어서까지 번거롭고 분주하여서 되겠는가?

138
1996년 4월 18일 (인도 뿌나에서)

4월 15일 인도 뭄바이 도착
4월 17일 뭄바이에서 뿌나행 기차 속에서

종鍾소리를 본다.
텅 비어 있는 종 속에서 소리가 나는 것(生)이 보인다. 소리는 그렇게 일어난다〔起心〕. 그리고는―본래 텅 비어 있음〔空〕을 자성自性으로 하는 까닭에―없어지는 소리를 본다. 종을 아무리 뒤집어 보아도 소리는 있지 않는데〔本來無一物〕, 미망迷妄에 물들어 보지 않고 듣기만 하는 중생들을 위하여, 진리의 손가락을 탁- 튕기니 소리는 있다〔開示悟入〕.
  종은 이렇게 소리를 용用으로 함으로 어떤 소리는 곧 어떤 종이다.

몸은 계율의 종이다. 마음은 종의 안에도·밖에도·중간에도 없는 공성空性의 소리이다. 이 믿음, 곧 불쌍히 여김과 사랑하여 어여삐 여김과 기뻐함과, 그렇고 그런 것들에 집착하지 않음은, 금강과 같은 진리의 손가락이니, 이렇게 소리는 삼천세계를 울린다.

  한 번 절하여 부르는 이름이 있으니, 귀명歸命 석가모니불釋迦牟尼佛!
  두 번 절하여 부르는 이름이 있으니, 귀명歸命 석가모니불법佛法!
  세 번 절하여 부르는 이름이 있으니, 귀명歸命 석가모니불법승佛法僧!

꽃과 향기는 늘 같이 하는 법이므로 믿음과 불퇴전도 같이 하고, 믿음과 공덕도 같이 하므로 향기 있는 곳에 당연히 꽃이 있는 것처럼…. 불퇴전심이 있는 곳에 믿음이 있고, 꽃이 있는 곳에 당연히 향기가 있는 것처럼…. 믿음이 있는 곳에 공덕이 있다 하리라.

  이와 같은 꽃을 들어 보이심에, 그 옛날 그 어른께서는 말없이 미소 지

으셨고, 그 미소가 오늘날까지 잇고 이어져 내려와 수많은 선지식을 이끄
셨으니, 부디 믿고 의심하지 말고 결코 물러서지 마라.

장부의 한 칼에 세상의 온갖 어지러운 것을 베어버리고, 감연히 일어서
서 홀로 되나니〔出格丈夫〕, 한 번 얻은 이 보검을 어찌 다시 얻을까!

139
1996년 4월 20일 토

07:30분, 따르릉 하는 벨소리에 문득 깨어났다. 정신없이 잤나보다. 언제나 6시에는 일어나 유연운동하고 넉넉했던 아침인데, 저 두꺼운 커텐 때문에 날이 밝는 것도 몰랐다. 어제 1시간 30분 거리에 있는 현지 세탁기 공장에 오가면서 세상에 둘도 없을 매연 때문에 골이 빠개지듯 아파서 목욕하고 일찍 잤는데….

오늘도 일행과 함께 공장에 가서 금형 재가공해 주고 왔다. 손수건으로 잔뜩 코를 막고 있어서인지 어제처럼 골이 흔들리지는 않는다. 왕복 이차선 도로(인도 전역의 도로가 다 그렇다)에 화물차, 버스, 승용차, 우마, 오토바이, 자전거 등 하여간 굴러다닐 수 있는 것은 모두 나와 달리는데, 무질서는 고급표현이고, 무사히 도착하면 저절로 기도가 나올 정도로 곡예운전으로 추월 또 추월이다. 모든 차량의 운전은 추월로 시작해서 추월로 끝난다고 해야 정확하다. 비록 마하트마 간디가 다시 살아 돌아와도 못

막을 무지한 습관들이다.

그래도 첫 날에 비해서 놀라는 것이 많이 순화(?)되었다. 이런 내 자신을 보고 새삼 무감각에 대한 놀라울 정도의 소질에 더욱 놀란다. 목숨이 왔다갔다하는 데도 곧 무감각해지는 것에 말이다.

낮에 현지 공장 근처에서 한국에 전화하여 오랜만에 아내 목소리와 승인이의 "아빠 보고싶어요" 하는 소리를 들어 반가웠다. 어젯밤 꿈에는 아내와 헤어져 새 장가들고서 다시 아내를 찾아다니는 꿈을 꾸고는 아내가 몹시 측은하더니….

140
1996년 4월 23일 화 (인도 뿌나)

냇물에 깊고 얕음이 있듯 깨달음에도 깊고 얕음이 있어, 깨달음이 깊으면 해탈도 깊고(계곡이 깊으면 냇물도 깊고…), 깨달음이 얕으면 해탈도 얕다. 땅 위의 만 가지 냇물이 있어 저마다 깨달음을 이루어 흐르지만, 곧 바다에 이르면, 그런 깨달음은 더 자랑할 수도 없이 없어지고 말아….

세상에 온갖 종류의 것이 진리를 저마다 외쳐대고, 최상승의 것으로 오인하여 재잘대곤 하지만, 다 시냇물의 그것 정도이라. 부처님 깨달음의 바다(覺海)에 이르고 보면, 쓸데없이 폼잡고 길고 가늘게 오래 흘러 시간만 한량없이 허비해 왔을 뿐이다.

해탈은 비굴하지 않게 무상無常을 음미하며, 떳떳하게 무아無我를 내어 주며, 그리고는… 다 말할 수 없다. 말할 수 없음에도 말해야 하는 것이 불佛이다.

지난 밤.
아버지께 '사과'드렸다. 기꺼이 받아주신 그 어른의 무한한 사랑에 눈물 흘렸다. 부처님의 위덕의 힘이 아니었다면 그런 상봉이 이루어졌겠는가! 부디, 부처님 법 들으소서…!

눈을 뜨면 보이는 것이 아니라 막히는 것이다.
산이 막고 있고,
강이 막고 있고,
그리고 가까이에는 내 몸에 막힌다.
우리는 이렇게 '막히는 눈'으로 '본다'고 우겨댄다.
'본다'는 생각을, 해탈하여 '보는 것' - 이것을 걸림 없이 보는 천안통天眼通이라 한다.

도고마성道高魔盛.
깨달음에 정진이 깊어지고 믿음이 순일해지면, 어지럽고 불안하고 헷갈리는 기분에 힘을 잃게 되는데, 이때 물러나면 다시 정진할 때는 갑절 힘이 들게 되므로 엄히 결단해야 한다. 비록 목숨을 잃는 한이 있어도 불보살 및 선신善神들의 가피와 두호도 적지 않음을 굳게 믿고, 결단코 물러서지 마라. 그로 인하여 금생에 몸을 잃어도 다생多生의 몸빚을 갚은 것뿐이리라. 바른 도道이면, 정진이 깊고 순일하여 몸을 잃었다는 소문은 아직 들어보지 못했다.

여러 생을 거쳐오면서 바른 법을 들어보지 못한 데서 얻어진 삿된 습기習氣들이 남아 있다가 한꺼번에 혹은 서서히 일어나는 것이니, 귀명歸命의 의지가 있다면 결단코 물러서지 말고 정진을 계속하되, 삼보三寶께 청하여 눈물로 가피를 구하여 지붕을 삼고 나아가라.
불佛의 법法과 승僧의 불佛은 중생이 다할 때까지 사그러지지 않는 까닭이니, 성취를 따로 구하지 말기 바란다.

"내 아들, 승해야! 승인아! 너희는 내 아들이 아니라 법法의 아들이니, 마땅히 도道를 구할지언정 나의 육신[피붙이]된 상속을 구하지 말아야 한다."

141
1996년 4월 25일

생각을 잘하는 것이란, 훗날에 추억이 없도록 하는 것.
애증에 얽매이면 칡넝쿨에 얼기설기 묶여 있는 나무와 같이 괴롭다.

마음을 가만히 들여다보면,
시냇물처럼 흐르던 마음이,
신비하게도 호수처럼 고요해지는 것을 느끼고,
느끼는 그 순간 파도처럼 일어나는 무수한 파상波想들….

부처님이 태어나서 사시다가 가신 곳, 그 나라 - 인도에서 나는 오늘 2천6백여 년 전의 것에서 조금도 다를 것 같지 않은 사람들을 본다. 시커멓고 쬐끄만하고 냄새나며 헐벗은 이 모습들. 그들이 가까이 오기만 하면 은연중에 물러서기를 명령하는 나 자신…. 그러나 부처님은 바로 이곳에서 이런 모습의 사람들과 살면서 이 사람들을 통하여 나에게까지 법편法片을 전하셨다.

너와 나를 편가름 하는 나의 오랜 습관 때문에, 그들을 나에게서 멀리 떨어지도록 털어내는구나! 무아의 가르침에 비추어 실로 부끄럽고도 죄스럽구나. 오너라, 나의 형제여! 콜레라 걸린 손으로, 머리에 한 줌 되는 이가 득실거리는 몸으로, 평생에 한 번도 씻어본 적이 없는 얼굴로, 다 내게 오라. 와서 내 부끄러움을 용서해다오.

142
1996년 6월 3일 월

사랑하는 것들을 너무 많이 가졌다. 되는대로 살기에는 너무 많은 사랑하는 것들. 심지어는 지나가 버린 추억까지도 꺼내어 사랑한다. 마음에 걸림이 되는 것으로 사랑 만한 것도 없으니, 이것으로 공포와 불안이 생기는 것임을 알지 못하니….

143
1996년 7월 10일

어제, 제주도에서 전화가 왔다. 가까운 친척네 가게가 확장개업을 하여 모두들 축하하러 한자리에 모였단다. 생선회를 만들어 판단다. 수족관까지 버젓이 있단다. 그 수족관 안에 산 목숨을 가두어 두었다가, 꺼내서 팔딱거리며 죽지 않겠다고 발버둥치는 것을 단칼에 죽여서 손님에게 팔면 돈을 번단다. 먹고살기 위해서…. 그 돈으로 몸이 아프면 병원에 가고, 배고프지 않아도 영양가 높은 음식을 취하며, 오로지 자기들 목숨을 오래도록 편안하도록 보존하고자 한단다. 슬픈 일이다.

남의 목숨을 죽여서(그 결과) 자기 목숨을 오래 가게 하는 것은 바른 이치가 아니려니와, 설사 그렇다 할지라도. 어진 이라면 거듭거듭 생각해서도 남을 죽여서는 안 되는 것인데, 그것을 업으로 삼고 살아보겠다니 슬프고도 또 슬픈 일이다. 내 형제, 내 동포여….

형제자매여, 내 마음의 평안으로 만족하지 못하겠단 말인가? 그 평안한 마음에 무서운 살의殺意가 있을 수 있단 말인가? 욕심을 걷어내면 욕심이 없어진다는 것이 아니라, 그냥 마음 그대로이다. 욕심이 생기면 욕심이 있는 것이 아니라, 그냥 마음 그대로가 욕심이다.

마음엔 실로 욕심이 있다 없다 하는 것이 아니지만, 사람들이 고집하여 있다 없다 하니, 마음이 요술을 부려 욕심이 되었다 말았다 하는데, 마치 허공에 바람의 실체는 없지마는 바람이 불었다 안 불었다 하는 거와 같도다.

144
1996년 8월 26일 월 비

일어나는 그대로가 마음 그대로이다. 다른 데서 찾을 필요가 없다. 앞생각을 반연攀緣하여 뒷생각이 일어나고, 서로서로가 인과 연이 되어 주고받으면서 과보도 그렇게 한다. 마음은 꾸미지 않는다. 오직 자작자수自作自受할 뿐이다.

여기에는 시간이 없다. 말하자면 끝없다. 이런 생각으로 이런 말 이런 짓을 하면, 저런 일이 생겨 저런 생각을 받는다. 끊임없는 이런 마음놀이는 몸까지 바꾸는 신통을 부려가며 짓고 받고 짓고 받고 하는데, 전도몽상顚倒夢想의 숙업宿業 때문에 그것을 못 깨닫는다.

도둑질하는 마음에서 도둑질이 일어나고, 그 도둑질 때문에 불명예가 따르는 괴로움이 뒷생각으로 나타난다. 그러므로 옛 사람들은 마음을 정定하는 데 목숨까지 버리고 했다. 원숭이 같은 마음을 한곳에 정定하는

그것.

집착하는 바 없이 사랑해야지.
얽매이는 바 없이 사랑해야지.
거기에 내 목숨을 바쳐야지.
사랑한다는 것은 내 생명에 대한 나의 의무이며 존경이고 존엄이기에….
두려움 없이 사랑한다는 것, 이 또한 깨달음이 아니던가!

145
1996년 10월 5일 토

허상을 실상으로 믿고 의지하고 있다면, 이야말로 우상을 섬기는 것이다. 그대에게서 생로병사生老病死를 없애버리면, 그것에서 오는 두려움도 없어지고, 두려움이 없으므로 태어나 늙고 병들고 죽는 것을 해결해 달라고, 누구에게 믿고 의지할 이유가 없으며, 소위 구세주 하나님이 주님이 될 필요도 없다.

그렇다면 이 지구상의 일체의 신神은 두려움이 창조해 낸 허상이다. 생로병사가 질료質料가 되어, 서로서로 어우러져 만들어낸 허상이다. 개〔犬〕는 사람이 뼈다귀를 던지면 사람은 놔두고 뼈다귀를 따라가지만, 사자는 뼈다귀 대신 던진 사람을 문다. 개는 종의 삶을 살면서 주인을 섬겨가며 던져주는 찌꺼기를 먹고 살지만, 사자는 홀로 거닐면서 저 사자후獅子吼를 낸다.

그대가 만일 그대의 생로병사, 거기에서 오는 불안한 두려움을 실상화하여 하나님을 찾아 헤맨다면, 그건 마치 사람(본질문제)을 놔두고 뼈다귀를 쫓아가는 개와 같아서, 결코 개 같은 날의 오후를 벗어날 수 없다. 그러나 그대가 만일 이러한 두려움이 생로병사가 던지는 뼈다귀라는 사실을 알고, 뼈다귀 대신 생로병사를 직접 물어버릴 것 같으면, 사자의 무리라고 할 만하겠다.

대저 사람들은 포장하기를 좋아한다. 두려움을 포장하여 찬양과 경배로 둔갑시키고 있지만, 찬양과 경배는 종들의 두려움을 아부하는 의식儀式일 뿐이다. 즉 그만큼 더 두렵고 더 불안한 것이다.

인생의 본질적 의무로 찬양과 경배를 아는 것에 중대한 간과가 있는 것이다. 생로병사에 대한 두려움이 그렇게 시키고 있다는 대자적對自的인 문제를 꽉 붙들고 씨름해 보라. 비로소 진정한 찬양과 경배를 할 수 있을 것이다. '우상을 섬기지 않음' 말이다.

146
1996년 11월 20일 수

눈[眼]이 없으면 빛을 보지 못한다. 빛을 보지 못하면 사물을 볼 수가 없다. 사방이 캄캄하고 어둡다. 얼굴들이 그리워지고, 그리움은 곧 안타까움으로 변하고, 그것은 금방 공포로 옷을 갈아입는다. 가슴이 답답해지고, 영원한 암흑 속에 버려진 것 같은 밀폐된 공포가 시작되고서는 정신만 탈출하는 분열현상이 나타난다.

그때 다시 눈을 뜬다. 커텐을 뚫고 들어오는 희미한 여명이 무척 고맙다. 잠들어 있는 아들의 희미한 얼굴이 너무 고맙다. 비록 칠흑 같은 어둠이지만 여린 빛만으로도, 암흑의 공포를 거두어 내기에 충분하다는 것이 고마운 것이다. 어찌 눈뿐이겠는가! 귀, 코, 입, 뜻, 몸으로도 그런 것을….

그러므로 항상 감사하여라. 눈이 있어 밝음과 마주하면, 그것이 그대로 넉넉하게 고마운 것일 뿐. 하물며 보고 성을 낼 일이랴!!

147
1997년 1월 31일 금

시간을 먹으면서 늙어가는 사람들….
맛도 없고,
색도 없고,
소리도 없고,
촉감도 없고,
냄새도 없고,

그 뜻마저 없는 시간을…,
의지하지 않으면 존재할 수조차 없는 사람들….

시간이란? 흐르는 물처럼, 현재인 듯하다가 취取하는 순간 과거로 돌변하고, 미래인 듯하다가 어느 새 현재로 둔갑하는 실체가 없는 그 물건…. 그 물건에 의지하여 생로병사의 사계四季를 돌고 도는 또 하나의,
　맛도 없고,
　색도 없고,
　소리도 없고,
　촉감도 없고,
　냄새도 없고,
　그 뜻[意識]마저도 없는 물건, 사람….

148
1997년 2월 21일 금

꿈에 놀아나서는 안 된다. 꿈은 헛된 허공꽃이다.
무엇이 꿈인가?
중생의 생각생각마다 꿈 아닌 것이 없다.
생각을 많이 하면 실제로도 그 날 꿈을 많이 꾼다.
그것은 깨어 있을 때부터 많은 생각을 함으로써,

이미 꿈 연습을 하기 때문이다.

아,

이 생각 저 생각에서 해탈하는 길은 바르게 정념定念하는 길밖에 없다.

목숨마다엔 가득 두려움이 있어서, 한순간도 그런 두려움에서 벗어날 기약이 없는 대신,

도로 세간의 잡다한 생각으로 잊어버리고자 하건만, 때마다 스며드는 목숨 값이여!

이 역시 생각해보면 목숨 때문에 생겨나는 업인 것을….

149
1997년 3월 24일 월

몸을 따라 생겨났다 없어지는 마음.

주객主客이 뒤바뀌어 버린 세계.

나!

조금 허약해진 몸에 화들짝 일어나는 마음.

두려움, 불안… 큰 병이 든 게 아닐까? '죽을병은 아닐까?' 하고 천만 가지로 억측하면서 도리어 불안하게 된 마음에 거듭 태어난다. 중생의 윤회란 이런 것일까?

그대는 내 육체의 아픔을 놔두고, 내 마음을 평안하게 하지 못한다.

오직 붓다만이 내 육체의 아픔을 놔두고, 내 마음을 평안하게 한다.

150
1997년 10월 20일 월

인간은 멸망한다. 그 이유는,
1. 지혜가 적다.
2. 욕심이 많은 것을 넘어 끝이 없다.
3. 뜻에 맞지 않으면 성을 품고 노린다.

위와 같은 세 가지 이유로 머지않아 대재앙을 자초하고, 그것을 막을 방법도 없다.

환경과 적이 되고서 살아남을 존재가 없다. 새로운 종種이 나와 세상의 마지막 남은 공기를 마시며 새로운 세상을 시작하겠지. …아이들이 불쌍하다. 적정한 인구를 가져야 한다.

그러나 이것은 대량학살이 아니고서는 불가능하다. 이 두 가지만 보더라도 어느 때에 가서는 전쟁이나 기근, 또는 확산성이 있는 질병을 유발하는 환경조성을 확대하고 있는 것이 분명하다. 자명自明하다는 것이다.

지구를 떠나는 길만이 유일한데, 어디로 어떻게 간단 말인가! 그리고 떠나서는 또 거기서 인간은 같은 짓을 되풀이할 텐데 누가 그것을 막겠는가!

인간의 창조성은 너무 모험적이고 위험하다. 욕심의 창조성은….

"그대가 하나님을 믿는가?" 하고 물으면, 그대는 "예!" 하고 대답한다. 이와 같이 세 번 물으면 한결같이 "예!" 하고 대답한다. 그러면 이제 다시 물으리라.

그대는 누구인가? '예!' 하고 대답하는 그 물건은 무엇인가? 만일 내가 개[犬]에게 똑같은 질문을 던진다면 개는 뭐라고 대답할까? '멍!' 하고 대답하겠지. 그대와 개는 둘 다 내가 물었기 때문에 대답하였다. 다시 말하라. 그대는 누구인가? "예."

무슨 물건이 '예!' 하고 대답하는가? 몸이 대답했는가? 그렇다면 몸이 그대인가? 어리석다. 몸은 가합假合하여 이루어진 물건에 지나지 않는다. 몸에 무슨 정情이 있어 '예!' 하겠는가? 몸이 만일 그대라면 말해보라. 눈[眼]이 그대 몸인가? 눈이 만일 그대의 몸이라면 갓 죽은 이도 눈은 있는데 왜 보지 못하는가?

마찬가지로 귀·코·입·혀·몸도 각각 멀쩡히 있는데, 왜 불러도 대답이 없고, 듣지도 못한 채 쓰러져 있는가? 그러므로 몸(눈·귀·코·입 등을 포함한 것)이 그대는 아니다.

다시 생각하여 말해 보라. 그대는 누구인가? 누가 하나님을 믿는다고 '예!' 하였는가?

주인공이 누구인가? 생각인가?(마음인가, 영혼인가?) 만일 생각이 주인공이라면, 이 대답도 어리석다. 앞생각과 뒷생각이 시간마다 바뀌어 항상

하지가 않은 것이, 마치 원숭이가 한곳에 있지 못하고 쉼 없이 이 나무에서 저 나무로 옮기듯 하는 것이 생각이라는 물건인데, 과연 어떤 생각이 정해진 그대의 주인공인가?

일정하지 않은 것으로 '그대'를 삼을 수는 없다. 다시 말하라. 무엇이 그대인가? 영혼인가? 아마 그렇게 대답하고 싶겠지. 그렇다면 '그대의 영혼'이 대답했는가? 그냥 '영혼'이 대답했는가? 말하라. 만일 '그대의 영혼'이 대답한다고 한다면, 다시 처음으로 돌아가 '그대의 영혼'이라고 할 때의 '그대'가 누구인가, 하는 물음을 반복할 것이다. 그러므로 이것은 아니리라.

그러면 그냥 순수한 영혼 그 자체가 있어 '그대'를 이루므로 '그대'인가? 그렇다면 방금 대답한 이는 귀신이었겠구나. 귀신이 '하나님을 믿는다'고 '예!' 하였단 말인가? 그런 정도는 개(犬)에게도 있어서, 개도 '멍!' 하였다는 건가? 그럼 정말로 개도 하나님을 믿는다는 말인가?

······.

자, 보아라.

이 간단하고 짧은 물음 앞에서도, 즉 '그대가 하나님을 믿는가?'라는 물음 앞에서도, 그대는 어쩔 줄 모른다. 왜냐? '예!' 하고 대답하는 주인공을 못 찾았기 때문이다. 우리 모두는 '나는 하나님을 믿는다!'고 사방에 대고 신앙고백을 해대지만, 그 한마디 속에서 '나'가 무엇인지도 모르면서 '하나님'을 믿는다 하니, 어찌 우습고도 우습지 않겠는가? 이것은 '하나님이 나를 만들었다' 하는 것에도 고집되는 명제이다. 어쩌면 그때는 순서를 바꾸어 '하나님'이 무엇인가 물을지도 모른다. 그대는 역시 대답할 수 없다. 그렇다면 나에게 한 번 물어 보라.

"너는 무엇이냐고!" 내가 당당하게 답하리라.

"멍청한 녀석! 눈앞에 보고 있으면서도 모르는가?(빰을 한 대 갈기면서)"

151
1997년 10월 24일 금

날마다 기분이 왜 다를까? 하늘의 구름모양은 왜 시간마다 다를까?

하늘 바탕은 늘 일정하여 여여如如한데, 인연으로 생·주·이·멸生住異滅 하는 것이 구름이다. 즉 여기저기 인연 따라 구름이 생기고 화합하고 변하여 흩어지는 것이, 구름의 실체이고 실상인 것은 누구나 다 알면서….

마음바탕에서 인연 따라 일어나는 기분에 대해서는 종노릇한다. 마음바탕은 언제나 늘 그러하여 여여如如하건만, 일어났다 잠시 머물렀다 변하여 없어지는, 옳고·그름, 아름답고·추함, 좋고·나쁨, 깨끗하고·더러움, 높고·낮음, 길고·짧음 등등. 이런 모두의 분별식(分別識, 기분)은 그 각각의 인연을 만나면 생겨났다가 인연이 흩어지면 없어지고 마는 도깨비라는 실상은 알지 못한다. 설사 알았다 하더라도 메마른 알음알이라. 능히 대처하지 못한다. 마치 목마른 사람이 어렵사리 우물을 찾았으나,

메마른 우물이면 소용없는 것처럼….

그러나 그대여, 실망하지 마라. 마음 밭 일구는 농부는 가난함을 비롯하여 그 인연을 심고 정진하는 것이니, 믿음으로 소를 삼고, 계율로 쟁기를 삼고, 정진으로 낮을 삼고, 늘 관찰함으로 낮을 삼아 물러서지 않나니, 하늘인들 어찌 감응하지 않겠는가!

시시때때로 생겨나는 종종種種의 기류氣類에 시비를 받지 말고, 언제나 한결같은 마음바탕 그대로를 벗삼아 노력하면, 혹 알 텐가. 오늘밤 그대 꿈이 그대의 마음이 낸 신통이요, 악한 벗 만나 주먹다짐하는 것이 그대 마음의 묘용임을 알게 될지….

152
1997년 10월 28일 화

며칠 전, 유승희 군이 내방하여 광주에 있는 '우리절'이라는 절을 다녀왔다고 보고(?)하면서, 그 절에 모신 부처님은 네팔에서 국보로 모셔져 있던 것을 그 절 스님이 꿈속에서 뵙고 모셔왔는데, 천일기도 정진 중 부처님 옆구리에서 꽃이 4송이 피어서 전국적으로 큰 화제가 되었다고 했다. 내가 말했다.

"산 좋고 물 좋은 곳을 찾아 몸과 마음을 상쾌하고 정갈하게 물들여 보는 것도 좋으나, 산사山寺를 향하는 그 순간에도 죽음의 마왕은 어김없이 내 코를 향해 다가오고 있는데, 너는 어찌하겠느냐? 너무 그렇게 신통한 곳만을 찾아다니기를 좋아하다가는 신통이 곧 부처님인 줄 잘못 알지 않을까 걱정이다.

부처님 말씀에 삼천대천세계 가득한 부처님을 다 찾아다니며 공양한다 해도, 가만히 앉아 짧은 순간이나마 마음을 밝히는 것보다 못하다고 했으니, 이 몸이 곧 법당이요, 이 마음은 부처님이고, 계율 지킴은 스님이며, 믿음은 청정한 신도이니, 부디 너무 멀리서 찾지 마라."

153
1997년 10월 29일 수

새벽 비소리에 깼는지, 왼쪽 가슴통증으로 깼는지 모르겠다. 사라지지 않는 통증으로 갑자기 공포가 엄습하였다. 어디를 가도 통증은 없어지지 않을 것 같은 밀폐된 공포…. 그러나 곧 극복되었다.

고통 즉 통증이여 너 잘 만났다 하고 내버려두고, 통증을 느끼고 있는 이것이 무엇인가? 하고 관觀하였더니, 더 이상 공포는 계속되지 않았고, 오히려 신비스러운 환희가 저 밑바닥에서부터 솟아 올라왔다. 통증은 계속되는데도…. 조그마한 자긍심이 생겼다. 내가 붓다의 제자라는….

목숨을 다하더라도 더 이상 다할 목숨이 이미 없는 것 아닌가! 과거·현재·미래의 모든 목숨을 들어 이미 삼보三寶에 귀의했으니 말이다. 그대여, 아플 때에 정진하라. 그런 인연으로라야 비로소 죽을 때에도 혼침이나 혼란 없이 정진할 수 있으리라….

그래도 오후에는 병원엘 찾아가서 초음파까지 거금을 내고 검사해대는 중생이었다.

154
1997년 11월 21일 금 비

11월 6일~16일, 서울 - 뭄바이(방콕 경유) - 아우랑가바드 - 뭄바이 - 싱가포르(마드라스 경유) - 서울 아우랑가바드에서 엘로라 구경.

적어도 다음 네 분은 이 사바세계에 노니신다.
문수보살, 보현보살, 관세음보살, 지장보살. 비록 선지식이 없는 말법시대이지마는 이러한 대성인을 무려 네 분씩이나 모시면서 깨달음을 얻어내지 못한다면, 매우 부끄러운 일이다. 하물며 뒤로 물러남인가!

나에게는 약간의 공황증 증세가 있다. 조그마한 공간에 갇혀 있을 때는 더 심하게 나타난다. 그러나 피하지는 않는다. 피하는 것은 여러 중생들의 의지처가 되어 주겠다는 마음의 서원에 어긋나기 때문이다.

155
1997년 11월 27일

제주도에서

아버지 추모 4주기. 세월 참 빠르다. 아버지 가신 지 어느덧 4년….

서귀포에서 달춘이 데리고 정방사를 찾았다. 아버지 추도예불을 드리고 싶었다. 해일스님은 출타중이라 없고 둘이서 꽃 두 바구니를 화분째 사서 부처님께 공양하고 어설픈 예불이나마 드렸다.

지심귀명례至心歸命禮를 하는데 눈물이 앞을 가렸다. 나는 무슨 인연으로 부처님 앞에서 지심귀명례를 올리는가? 불효의 업이 새록새록 떠오르고, 죄의 상(相. 모양)들이 온 가슴을 물들여 차마 똑바로 서 있을 수가 없었다. 옆에서 같이 두 손 모아 서 있는 친구의 힘으로 간신히 다 마칠 수 있었다. 아버지를 위해서, 아버지를 생각하면서 울었고 기도했다.

그렇다. 내가 무상정등정각無上正等正覺을 이루지 못하면 만나는 인연들마다 속수무책이다. 내가 보살이 되고 부처가 되어서야 비로소 전후좌우를 돌볼 수 있으리라.

156
1997년 12월 16일 화

그대 만일 부처님이 좋다고 부처님만 생각하고, 출세간出世間만 추구하고, 스스로 부처되기만 바란다면, 이는 소승小乘의 견[見, 견해]에 떨어진 것이니, 살펴봐야 할 일이다. 또한 이는 중도中道를 벗어나 한쪽으로 치우쳤으니, 원래의 부처님 가르침에서도 벗어난 것이므로, 부처로써 부처를 부정否定하는 우[愚, 어리석음]를 범하게 되니 조심하라.

한편 그대 만일 중생이 가엾다고 중생들만 생각하고 그들을 위한답시고 세간법世間法만 의지하고 스스로의 중생됨에서 벗어나려고도 않고, 무턱대고 동사同事의 보살행만 좋아한다면, 이 또한 소승의 견에 떨어져 소승의 행업行業만 일삼는 것이니, 중도와는 한참 거리가 먼 것이다.

그렇다고, 그대 만일 한 번은 부처님 생각하고, 한 번은 중생을 생각하는 것으로 중도를 향한다고 생각한다면, 한 몸으로 부처와 중생을 동시에 구求함이니 이루어질 리가 없다. 이것은 마치 모래를 쪄서 밥을 지으려고 솥을 두 개씩이나 올려놓은 거와 같다. 그러므로 살피고 또 살펴라.

부처를 생각하는 그대가 왜 소승에 떨어져야 하는지, 가엾은 중생들을 생각하는 그대가 왜 소승의 업에서 벗어날 수 없는지를…. 중도란 한쪽에 서 있는 것도 아니요, 양쪽에 서 있는 것도 아니요, 함doing도 아니요, 아니 함도 아니니….

157

1998년 1월 7일

편재偏在되어 있는 마음. 허공이 끝간데를 알 수 없듯이, 마음이 끝간데를 알 수 없으며, 시간의 처음과 나중을 알 수 없듯이, 마음의 처음과 나중을 알 수 없고, 중생의 수효와 그 들어 사는 세계를 측량할 수 없듯이, 마음의 수효와 그 세계를 측량할 수 없다.

이 몸 안에 있는 것도 아니요, 몸 밖에 있는 것도 아니며, 또 어느 중간에 걸쳐져 있는 것도 아니다. 마음이 빠르기는 빛조차 굼벵이일 뿐이고, 마음이 더디기는 수미산과 같은 금강석조차 일시에 분해되고 만다. 그대가 손을 뻗으면 앞에 있는 허공이 곧 그대 마음이 되고, 그대가 손을 거두면 허공계가 허물어진다.

묘妙하다. 마음이여! 이것이 도대체 무슨 물건이며, 이 물건이 대체 어떻게 왔단 말인가? 가만히 앉아 있음에 묘가 있다. 우주의 모든 것이 보인다. 생사生死의 밧줄 끝을 동시에 붙들고 있는 '나'가 보인다.

158
1998년 1월 13일 ~21일 (인도방문)

오랑가바드 엘로라 관광.

두 비구니(女僧)를 만났다. 11월 초부터 3월 말까지 불교성지순례를 계속할 예정이란다. 인도라는 낯선 나라에서 여자의 몸으로 하루 207루피 (US$ 5, 우리 돈 7777원) 예산으로 하룻밤 100루피 짜리 숙소에서 잠을 자며 버스를 타고 또는 웬만한 데는 걸으면서….

하기야 이것도 그 옛날 신라의 혜초스님 등에 비하면 하늘과 땅 차이겠지만…. 마침 우리가 대절해 간 자동차의 정원을 초과해 가면서 같이 태워 구경시켜 주고, 스님들은 우리에게 과일과 빵으로 점심을 대접해 주었다. 연약한 몸짓들이었지만 뜻은 장부라 할 만하였다.

경비에 보태 쓰라고 400달러를 쥐어 주니(극구 사양했지만)-'아이구!' 하면서 이름이나 알려 달라기에 내키지 않았지만 '김일수金一秀' 석자를 알려주었다. 우리가 묵고 있는 호텔까지 같이 오시도록 하여 저녁으로 빵을 같이 나누고, 헤어질 때는 호텔 보이에게 잼을 좀 많이 달라고 해서 주었더니(낮에 식빵을 얻어먹을 때에 잼이라도 있었으면 하고 아쉬웠음), 너무 좋아라 한다.

일행인 강인구 집사님께서도 점심 값으로 500루피를 시주하였다고 몰래 귀띔을 한다. 후후, 오늘 이 두 스님께선 횡재(?) 하셨구먼! 누가 알랴, 횡재는 우리가 했음을….

나무 불·법·승南無佛法僧.

159
1998년 2월 9일

약이색견아若以色見我

이음성구아以音聲求我

시인행사도是人行邪道

불능견여래不能見如來

깨달음이란,
눈으로 보거나 귀로 듣는 데 있지 않나니
만일 그러는 이 있다면
삿된 길로 가는 것이니
어찌 여래를 볼 수 있겠는가!

160
1998년 3월 23일 월

'불쌍하다는 마음을', 이 조그마한 씨앗을 업신여기지 말고 배양하여 싹을 틔우고 증장增長시켜 나간다면, 조금 전까지 그렇게 야속하고 밉던 사람이 변하여,

'딱하게 생각되고 → 안타깝게 생각되고 → 가엾다고 생각되고 → 드디어는 나의 분신分身 중 하나라고 생각될 때에야',

비로소 그 사람으로 인한 허망한 분심忿心이나 성내는 마음이 해탈된다.

만일 한순간만이라도 불법승佛法僧 삼보三寶에게 예배 올릴 수 있다면, 그 공덕을 아낌없이 들어 그 사람에게 돌리고 나서는, 해야 할 일이 미움이나 성냄이 아니라는 것을 알게 된다. 그러고 보면 일체의 질료質料가 다 내 마음에서 빚어져 미움을 창조해 내고 성냄을 품게 되는 것을 확실히

보게 된다. 그러므로,

관觀이라 하는 까닭이다.

관세음觀世音이라 하는 까닭이다.

관자재觀自在라 하는 까닭이다.

언제나 연습하라. 네 가지 그 무량한 마음, 자·비·희·사慈悲喜捨를….

하루 30분씩 꾸준히 선정禪定공부를 하는 까닭은, 금생에 감히 깨달음을 구하고자 하는 것이 아니라, 스스로 생각건대 박복하기가 너무하다 싶어, 금생 이후라도 좋은 스승을 만나 혹 공부하게 될 때에, 습기習氣가 모지리 그 좋은 인연을 물리치게 될까 염려되어, 미리 연습해 두고자 함에서다. 다리를 꼬고 앉는 법이며, 졸릴 때 버티어 보는 것이며, 호흡하는 법이며, 마음을 지관止觀하는 법 등등—

이러한 것들은 스스로도 감연히 연습해 볼 수 있는 것이라, 굳이 훗날에 가서 스승을 번거롭게 할 필요가 없는 것이다. 발에 쥐가 나고 마음에 번민이 오락가락 해도 대체로 참아나가면, 이러한 습연習緣으로 훗날에 바른 도道를 구하는 데 보탬이 되지 않을까 생각한다. 한순간에 모든 것을 이루어 내는 꽃은 없다. 여러 철과 해를 거듭해서야 겨우 한송이 꽃이 이루어지는 것이고 보면, 인생도 마찬가지일 거다. 지나온 세상에 얼마나 박복하였으면 금생에 스승 한 분 못 모시고 홀로 이렇게 방황하게 되는가!

삼보께 이미 귀의하였으니, 이후 악한 세계에 떨어짐은 방지하였고,

이제 공부연습이나 열심히 하여 하루 2시간까지 앉아 있게 된다.

161
1998년 4월 7일 화 비

집착하면 괴로움이라는 병이 생긴다. 마음으로 집착하고 괴로운 마음을 얻는다. 몸에는 착성著性이 없지마는 마음이 들러붙어 착着하게 되면, 몸이 잘 보호되고 유지되는 것이 아니라 착着한 만큼 불안하고 불만이 생긴다. 묘한 일이다.

몸이 아플 때 사람들은 겁을 낸다. 아픈 것은 몸이지 마음이 아닌데도 겁이라는 마음현상이 나타나 주눅들고 괴로워한다. 실로 뒤죽박죽이다. 이것을 일러 전도몽상顚倒夢想이라 한다.

이러한 이치를 해오解悟하였다 하더라도 그러한 굴레에서 벗어날 수 없으니…. 오직 수행의 힘에 의해서 해탈할지언정 사유하고 분별하는 힘에 의한 것은 아니다. 몽상이나 환상에 의해서는 더욱 아니다.

좌선이 이리도 힘이 들고 어려운지 몰랐다. 마음 하나 오롯이 붙잡기가 이렇게 무섭고 두려운 일이 될 줄은 몰랐다. 차라리 산을 옮겨 바다에 심을 수 있을지언정, 차 한잔 마실 동안만큼이라도 제대로 앉아 있기가 어렵구나. 목숨을 걸어야 되는 위험하고도 험한 일인 줄을 내 미처 몰랐다.

이미 건너간 선지식이 꼭 필요하다고 하는 까닭이 있었구나. 선지식 없이 좌선공부 하는 것은, 마치 어린아이가 태풍이 몰아치는 강변에서 든든한 배와 사공 없이 강을 건너고자 하는 것과 같아, 그 뜻은 가상하나 어리석고 무모한 일이다.

아아, 스승 없음이여, 선지식 없음이여! 바로 이러한 박복薄福의 까닭에 출가를 못하고 세속에 오래 머물 수밖에 없는 것 같구나.

162
1998년 6월 8일 월

엊그제(6월 5~7일), 제주도에서 친구들이 부부동반으로 와 산정호수에 가서 온천목욕하고, 덕선이네 집에서 1박(6월 6일). 강화도 보문사에 갔다오다(6월 7일).

보문사에서는 마침 화장실 신축불사를 한다기에 전국 사찰의 화장실이나 깨끗이 지어바치고 싶어 아내와 함께 불사에 시주하였다. 산꼭대기 바위에 조성된 관세음보살상은 망망한 서해바다를 바라보고 있는데, 발 앞에서는 아낙네들이 무엇을 구하는지 죽을둥 살둥 쉼없이 절을 해대고 있다.

어리석음은 산 아래나 산 위에도 지천으로 널려 있어서, 스스로 깨달음에는 귀의하지 않고, 남의 깨달음에는 저리도 발광하고 있으니, 백천년을 헤아려 봐도 다 남의 보물인 줄 모르는 게다. 누가 이렇게 가르쳤을까? 누가 이렇게 하면 깨닫는다고 가르쳤을까? 그렇게 가르치는 산사山寺 바로 아래, 그 입구에서는 산사와 썩 잘 어우러져 술과 고기안주로 오가는 이를 붙잡아 권하고 있었다. 죽을둥 살둥 절하게 가르치는 것이나, 지나는 사람에게 술 권하고 고기 권하는 것이나 한 폭의 어우러진 그림이다.

진정, 이곳 관세음보살님께서는 이런 광경을 예견하지 못하고, 또는 권장하려고 영험을 보이셨단 말인가? 알 수 없다. 서해바다를 관觀하시는 그 묵묵한 천년의 침묵을….

'일체유심조一切唯心造.'

그러므로 생生이 마음조작이요, 노老가 마음조작이며, 병病이 마음조작이고, 사死도 마음조작이다. 끝없는 옛적부터 써온 마음이건만 아직 다하지 않았고, 끝없는 앞날이 지나온 옛적만큼 있건만 다 쓸 수 없는 것이 이 마음이다.

마음이 생기면 생生이라 하고 마음이 없어지면 사死라고 한다. 사람들은 이 몸을 중심으로 나와 너, 안과 밖, 움직임과 멈춤을 구별하지만, 이 몸이란 마음이 잠시 세운 세계에 불과하므로 실로 '나'가 아니며, 이미 '나'가 아니라면 '너'도 아니며, 이와 같이 안팎 등도 아니긴 마찬가지다. 그렇다면 무엇이냐? 마음이다.

마음이라고 했지만, 정작 마음이 무엇이냐고 했을 때에는 할 말도 없고 세워 보여줄 것도 없는 것이, 또 이 마음이다. 그러므로 '무無'가 맞고 '뜰 앞의 잣나무'가 맞고, '삼 세 근'이며, '손가락 세움'이다.

묻는 이가 어리석어 마음이 무엇인가를 물으니, 대답하는 이가 할 수 없이 이렇게 말했을 뿐이며, 손가락을 세웠을 뿐이다. 이 모두 일체유심조의 도리를 설했던 것이 왜 아니겠는가! 왜냐하면, 대답하는 사람 마음이니까!

163
1998년 6월 23일 화

실로 마음이란 한치의 빈틈도, 우연도, 오차도 없다. 허망한 것을 구하면 허망한 중생으로 되고, 지혜를 구하면 진실하여 보살이 된다. 본래 중생과 보살이 따로 있는 것이 아니지마는 마음에서 각각으로 조작造作되어질 뿐이다. 인연의 때가 되면 과果를 따서 먹는다.

불로초를 따먹으면 신선이요, 감로주를 마시면 천인天人이요, 법法을 얻으면 대승보살이다. 그대는 과연 무엇이 되고 싶으냐? 무슨 과를 따먹고 싶으냐?

오직 그대 마음 하나에 달려 있다. 전 우주를 초광속超光速으로 뒤져보아도 마음을 벗어나지 못하는 한 얻을 것이 따로 없음이다. 그러므로 신족통神足通을 얻은 이들이라도 오히려 풀을 깔고 앉아 있었을 뿐이다. 왜냐? 마음의 세계를 벗어날 재주가 따로 없기 때문이다.

청명하기 보기 드문 날이다.
바람은 부드럽고 청량하여,

숙세宿世의 번뇌에서 타는 몸을 잠시 서늘하게 해주고,
맑고 맑은 허공은 만상萬相이 낱낱이 드러나,
마치 어미의 마음처럼 곱구나.

164
1998년 8월 7일 비

아무리 구해도 구해지지 않는 것, 그것 때문에 온통 고통받게 되는 것이 바로 이곳 사바세계의 삶. 자신의 마음 하나 제대로 들여다보지 못하는 이 업業 때문에….

삼보〔三寶, 佛法僧〕에 귀의歸依하는 까닭은, 깨달음에 이르는 길〔道〕이기 때문이다. 결코 빌고 구하는 데 있지 않다. 그러나 오늘의 신도는 싹싹 빌거나 게걸스럽게 구하는 것을 붓다의 가르침으로 오인하고 있다. 누가 그대에게 불상佛像 앞에 엎드려 구하면 복을 받으리라고 가르치던가! 누가 백배, 천배, 삼천배, 만배, 십만배, 백만배, 수백만배, 무수배의 절을 하는 것이 참다운 수행이라고 가르치던가? 살필지어다. 참다운 수행의 길을….

시간 속에 갇혀 버린 우주.
시간이 없다면 지금이….

165
1998년 8월 19일

　엘니뇨, 라니냐로 세상이 한바탕 어지럽다. 사상초유의 기후환경변화로 홍수에 가뭄에 세계가 몸살을 앓는다. 사람들마다 말세적 징후들이라며 불안해하고, 낯선 행성行星에 이주한 것처럼 혼란스러워 한다. 밤낮으로 계속되는 비구름에 갇혀 있는 것에 일종의 폐쇄기분까지 느낀다.

　중국 양자강의 대홍수로 곡물생산이 줄어들고, 이와 같은 세계의 범지구적 재앙에 당장 인류의 내년 식량을 걱정하지 않으면 안 된다고 야단이다. 나도 살아갈 일이 막막하다. 세계의 식량재앙 때문이 아니라 신·구·의身口意 삼업三業의 재앙 때문에….

　몸이 있으니 먹고 입고 자야 하는 재앙이 생기고, 입이 있으니 말하는 재앙이 생기고, 뜻이 있으니 번뇌의 재앙이 생긴다. 이럴 때는 무릇 믿음만이 종주宗主가 된다. 아, 그러나 정작 믿음은, 히말라야산이 한 번 움직여도 얻어질까 말까 한 금강석 같은 믿음은, 어떻게 어디서 얻어야 하나? 출가 승단이여, 부디 싸우지 말고 답해 주오.

166
1998년 8월 22일 토

　이 세상이 괴로움이라는 것은 하나의 통찰이다. 사람들은 이것을 정의

定義할 줄 모른다. 생로병사生老病死를 앞에 두고서는 도무지 즐거움이란 없다. 오히려 즐거운 만큼 괴롭기만 하다. 우물 속에 들어가서 단물을 받아먹는다고 제 생사를 도외시한다면, 누가 와서 구원해주랴![法華經의 岸樹井藤] 이 몸으로 이 몸 구제 못하면 몸 있음이 오히려 무슨 이익 있으랴!

괴로움이므로 의식주衣食住를 구하고,

괴로움이므로 하늘을 보고 빌며,

괴로움이므로 구하고 빌면서 평안을 가장한다. 어리석은 일이다.

어리석음은 이렇게 괴로움이라는 것을 모르는 무지無知에서 나온다. 알지 못하므로 평안하다고 거꾸로 고백하는 사람들…!

그대가 이 세상과 인연 맺고 사는 이것을 괴로움이라고 통찰하지 못하면, 괴로움의 원인도, 괴로움을 없애려는 것도, 괴로움을 없애려는 방법도, 괴로움이 없는 세계도 아무런 흥미를 주지 못한다. 그대에게서는 빛이 없는 것이다. 아, 빛이 사라져 버린 사람들…, 아, 빛이 사라져 버린 세상….

167
1998년 9월 7일 월

붓다의 다음과 같은 말씀은 정말이지 절망적으로 최종적인 것이다.

"스스로에게 귀의하고 다른 것에 귀의하지 마라." 또는 "스스로를 섬으로 삼고 다른 것을 섬으로 삼지 마라"고 하신 이것. 우리에게 이보다 더 절망적인 귀결점이 또 있을까?

붓다의 이 말씀은 너무나 솔직 담백하다고 말할 수밖에 없는 고뇌에 찬 유훈이다. 저 유명한 신神의 기름 부은 바 되는 그리스도 예수도 감히, 또는 차마 못했던 말씀이다.

나는 그러므로 절망한다. 나 스스로에 대한 믿음이, 나 스스로에게 의지할 믿음이 없기 때문이다. 그러나 이것이, 정말 이것이 붓다가 눈을 감기 전, 마지막으로 내놓은 그의 간절한 외침이라면, 팔만사천의 법문을 압축한 붓다의 최후의 가르침이라면, 너무나 천재적이고 매혹적인 가르침이다. 또 현세 인류가 저지른 무지無知의 캄캄한 어둠에 등불을 주는 붓다 최후의 자비이다. 왜냐하면 생로병사生老病死가 이 한 몸에 있으므로, 그걸 풀어내는 고집멸도苦集滅道도 이 한 몸에 있는 까닭에….

168
1998년 10월 27일 화

모든 과학자들, 특히 물리학자들은 언젠가는 제 마음을 자기가 관찰하고 있음을 알게 될 것이고, 그때까지의 모든 이론의 장場들이 사실은 마음의 장場터였음을 보게 될 것이다. 사실 모든 차원은 마음만이 창조해낼 수 있기 때문이다. 인류가 생기고, 그 인류에게 인지능력이 생기고, 그것에 과학이나 철학이라는 이름이 붙여났지만, 알고 보면 다 마음의 조작에 지나지 않는다. 따라서 어쩌면 최고의 과학자도 실험실에 있지 않고,

제 마음을 직시하는 수행방修行房에 앉아 있을지도 모른다.

이 은하와 저쪽에 있는 은하, 이 세상과 저 세상, 3차원과 10차원은 그것을 그렇다고 할 수 있는 어떤 무엇이 존재하지 않으면 아무런 의미가 없다. 그것은 바로 모든 차원에 편재偏在되어 있는 공간空間, 혹은 마음이다. '나'는 바로 이 편재되어 있는 그것의 기하학적 표현에 지나지 않는다.

사실 지금부터 시작하여, 아인슈타인 같은 과학자를 인류의 숫자만큼 만들어서 각자의 수명을 1천년씩으로 하여 연구하게 하여도, 그들이 도달할 수 있는 곳이란 과연 어디이고, 무엇이겠는가? 바로, 이르는 곳이란 관찰자 자신의 마음과, 편재되어 있는 그 무엇〔空間〕이 있을 뿐이다.

드디어는 전능全能의 힘을 갖게 되더라도, 니르바나에 든 마음 하나에도 못 미치는 욕망뿐이며, 어떤 차원에서도 스스로의 마음을 떠나서, 자기를 존재시킬 수 없다는 것을 깨닫는데, 수십억 년이 필요하였다는 것을 비로소 알게 될 것이다.

우리가 살고 있는 이 우주는 중생의 마음으로 봤을 때는, 실로 무궁무진하고 신비에 가득 차 있지만 부처의 마음에는 단지 티끌일 뿐이다.

초공간 이론을 주장하는 10차원의 세계에서 노는 과학자들은, 제가 마치 대단한 것을 발견한 것처럼 생각되겠지만, 어이하여 10지十地보살까지 설정한 마음의 세계가 이미 있음을 들어보지 못했을까? 석가모니라는 한 인간이 2천5백년 전에 10차원의 세계가 있다고 했다는 말을 해주고 싶다.

169
1998년 11월 12일 목

시절에는 봄·여름·가을·겨울의 사계四季가 있고,
사람에게는 생·노·병·사生老病死의 사계가 있고,
천하만물에는 생·주·이·멸生住異滅의 사계가 있고,
모든 것의 기운은 지·수·화·풍地水火風의 사계가 있고….

주인공아!
너는 지금 어디에서 무엇을 하고 있느냐?
이를 항상 명심하라!
염라대왕은 이미 코끝에서 네 숨을 하나, 둘, 헤아리고 있는데,
한 일 없이 분주한 인생들이여…!
그래서 얻어낸 것이 무엇인가? 쯧쯧!

170
1998년 12월 3일 목

세계 역사상 최고의 물리과학자는 실험실에 있는 것이 아니라,
한마음 관찰하는 숲속의 수행자이다.
그는 실험도구 하나 없이 큰 것을 보고 또 작은 것을 본다.

그리하여 여러 가지의 혼란스러운 이론에서 스스로 자유하여, 더 이상 어리석지 않는 여유를 갖는다.

171
1999년 2월 3일 수

'마음에 의해서 세계가 건립되고, 마음에 의해서 세계가 사라진다'는 것을 믿을 수 없는 사람들을 위하여, 창조주를 따로 건립하여 믿게 할 수밖에 없는 방편적인 고충이 있다.

갈 길은 멀기만 한데 쉬고 의지할 곳조차 없다면, 그들에게 무슨 힘이 있어 정진하기를 바라겠는가? 임시방편으로 말하기를 '고개 넘으면 성城이 하나 있는데 능히 쉴 만하니 힘을 내자'라고 하니 믿고 따르더라.

172
1999년 3월 2일 수

일체유심조一切唯心造. 이 정의定義에는 두 가지 뜻이 있다.

첫째, 제1의제第一義諦로서는 진실로 마음뿐이라는 것을 보았기 때문이다. 부처님의 성도成道 이후 46년 간의 크고 작은 모든 말씀들은, 이 한마디의 정의를 위한 것이었다. 예컨대 살생殺生하지 말라고 함은, 먼저 마음에 살해의 뜻을 짓지〔造〕말라는 것이니, 하물며 말〔口〕이나 몸〔身〕으로 함에 있어서이랴! 이런 것들이 다 중생의 마음으로 만들어 감을 아시는 까닭이다. 마음으로 지어 만들고, 마음으로 그 과果를 받으므로 '오직 마음뿐'이라고 하셨다.

둘째, 대기설법對機說法으로써 세상사람들이 그 관심을 항상 몸 밖에 두어, 갖가지 형상을 만들어 상相에 집착함으로 인하여, 점점 속박 당하는 것을 보고 '일체가 다 마음'이다 하시는, 사자후獅子吼를 떨치심으로 듣는 이로 하여금 문득 관심觀心하게 함이니, 진실로 중생을 애민하신 까닭이다. 조견照見한다 하심은, 마음으로 마음을 비추어 본다는 뜻이다. 중생들의 생로병사는 마음의 용用이요, 중생들의 모습은 마음의 상相이요, 용用과 상相의 주인공 된 마음은 체體인 것이다. 태어남의 욕망에 의해서 중생은 태어나고, 태어난 까닭으로 노병사의 관성법칙이 생기고…. 이런 끝이 없는 바퀴 굴림의 테두리는 다만 마음이다.

173

1999년 3월 11일

이런 것을 강요받고 있다. 8만4천 법문은 모두 부처님이 말씀하셨으니 의심하지 말라고….

'방망이와 할!'이 부처님이 몸소 열어 보이셨으며 깨달음에 들어간 바로 그 자리라고…. 아니다. 아니다.

부처님의 진정한 마음은 '숲속에서 홀로, 또는 여럿이서 수행하여 평안

할지어다'이다. '어지럽거든 앉아서 쉬어라'고…. 부처님은 왜 성읍을 떠나서 외진 숲속에 계셨을까? 부처님은 왜 그때 찾아온 사람들에게 방망이를 써서 사정없이 내려 때리거나, 갑자기 소리를 '아악-!' 하고 내어 지르지 않았을까? 부처님은 왜 '마른 똥막대기'라고 대답하지 않았을까?

혹시 부처님 재세시在世時 사람들의 근기가 중국의 조사선祖師禪 시대의 사람들보다 하열下劣하여서 도저히 그렇게 할 수 없었던 것일까?

첨삭된 것이 분명하여, 거의 잔소리 수준에 불과해진 '8만4천 법문'이라는 것도 어리둥절한데, 하물며 1천7백 가지의 공안公案일까 보냐! 내 안의 부처님에게나 물어봐야지!

174
1999년 5월 10일

어떤 사람이 모모의 법사에게 묻기를, "불교에서는 욕심을 내지 말라고 하면서, 왜 기도하면서 발원을 하느냐?"고 하였다. 이에 법사가 답하기를 "이 세상에서는 욕심이 어느 정도 있어야만 살 수 있는 것이므로, 욕심이 아주 없으면 세상살이를 못하고, 삶을 적응하는 것 자체가 불가능합니다. 그런 의미에서 어느 정도 기도하고 발원하는 것은 신앙생활에서는 기본인 것입니다"라고 하였다. 말하자면 불교의 수행자나 신도도 먹고살아야 한다는 것이다.

나는 이렇게 답한다.

"아상我相으로 내는 발원은 모두 욕심으로, 그 인연의 성숙에 따라 이루어지기도 하고 이루어지지 않기도 한다. 진정한 발원은 중생들로 하여금 깨달음에 들 수 있도록 그들의 이익을 위하여 주고, 그들의 안락을 이루어 준다. 그래서 마침내 깨달음에 이르게 한다. 이에 발원은 그 내용으로 말할 것이 아니고 발원하는 이의 수행력〔利他心〕으로 말하는 것이다. 그러므로 아상我相 등이 멸滅하여 없어진 근본 마음자리에서 나오는 것은, 비록 하품일지라도 발원이다. 아상我相, 인상人相 등이 멸하지 않은 번뇌의 마음에서 나오는 것은, 그것이 아무리 거룩한 의식儀式과 장엄한 목소리에서 행해지는 발원이라고 하더라도, 욕심이므로 그 성사를 장담할 수 없는 것이다."

아, 욕심과 발원의 차이는 중생과 보살의 차이다. 그대의 발원은 어떠한 것인가?

175
1999년 5월 12일 수

마음은 감추어진 것이 아니라 이미 드러난 그것이다. 그렇다고 드러난 그것을 애써 찾을 때는 이미 감추어진 것이다. 마음의 신기오묘함이 대충 이와 같다. 그대가 이것을 어떻게 처리할지 궁금하다.

"불자佛子여,

세상의 온갖 것이 오직 마음뿐.

딴 법이 없다고 본다면, 모든 것을 몸으로 짓지 않더라도 힘을 얻어 마음대로 이루리라."

-『능가경』집일체법품

176
1999년 5월 24일 월 비

성속聖俗은 밖에 있는 것이 아니라 마음에 있다. 따라서 그대에게 성스러운 것은 나에게 속된 것일 수도 있다. 평등 또한 마찬가지이다.

'사람'이라는 물건은 그 주인이 따로 있는데, 사람 밖에 있는 것도 아니고 사람 안에 있는 것도 아니다. 그렇다고 중간 어딘가에 있는 것도 아니니, 무엇을 기준하여 평등하다 할 것이며, 속되다 할 것인가?

위경僞經에 대하여···

어떤 경전이 붓다의 친설親說인가 아닌가는 그것의 (사실적)역사적인 측면에서만 검증되고 관찰할 것이 아니라, 붓다의 의도인 '개·시·오·입開示悟入'을 잘 드러내느냐 하는 사뭇 붓다적인 관점에서 측량할 일이다. 확실히 어떤 경은 붓다의 가르침과 어긋나면서 불설佛說이라고 한다.

그러나 그것이 하다 못해 삼보三寶에게 귀의하게 하는 인연만이라도 만들어 준다면, 무엇에 견주어 경전이라 말하지 못하리오! 그가 차츰 성

숙하여 '아 이것은 붓다께서 가르치시고자 한 것이 아니구나!' 하고 깨우치면, 이미 성문聲聞의 승乘에서 일승一乘으로 향하는 것이니, 그 경의 인연이 아니면 어찌 이런 뛰어난 발심發心을 하리오! 아무리 하찮은 위경일지라도 삼보를 공경하고 귀의하는 것이라면, 감히 말하거니와 붓다의 인증하심이 수보리의 설법에 뒤지겠는가?

177
1999년 5월 27일

삶과 죽음이 마치 낮과 밤 같아서 서로서로 이끌어주는 것이지만, 그토록 삶만 중히 여기고 고집하니 처세가 항상 험하고 급한 것이다. 그러나 그대는 반드시 죽는다. 그렇게 애지중지하며 키우던 몸뚱어리는, 며칠 못 가서 냄새가 나고 구더기가 파먹으며 문드러진다. 그땐 살아 있는 문둥이가 그대에겐 천녀天女처럼 정결할 것이다.

몸뚱이 중심사상은 이렇듯 급하게 허망한 것이다. 삶을 보고 죽음을 볼 줄 알면, 감히 몸뚱이 애착사상을 키울 수는 없을 것인데, 삶만 보고 죽음을 못 보니 눈 있어도 보지 못함이 도리어 저 시체와 같구나. 뭐라고? 자신 때문이 아니라, 처자식들 때문이라고…? 허허허, 핑계는, 말은….

삶이 처자식 때문이라면 죽음이 알아서 피해 가는가? 그대여, 가볍게 살라. 그렇지 않아도 지구의 중력은 몹시 무겁다. 가볍지 않으면 이 행성을 탈출할 수 없느니라. 그대가 이 '몸'을 고집하며, 이 몸은 반드시 구원

받을 주체(영혼, 값어치)가 있다고 생각하는 한 이 세계를 떠날 수는 없다.

'몸'이 '나'라는 생각에서 온갖 것이, 소위 '인류문화'라고 하는 항아리가 만들어졌고, 그 항아리 속에서 꺼내온 것을 '하나님'이라고 부르며, 또 '영혼화'시키고는 '구원의 섭리'를 만들어 더 큰 '항아리' 속에 집어넣는다. 도저히 이렇게밖에 할 수 없단 말인가?! 자작품自作品에 이렇게 도취되어 함께 축배를 드는 바카스족이 바로 인간의 종족성이란 말인가?

몸의 부활을 믿는 그대여, 부활한 몸의 영원함을 소망하는 그대여, 시간(영원)과 공간(몸)을 정지시키면 아무것도 아님이며, 아무것도 아님을 영원이라 하면, 굳이 그것을 사모할 필요가 없는 것 아닌가? 제행무상諸行無常하니 영원한 것은 없고, 제법무아諸法無我이니 실재하는 것도 없으니, 이것은 분명하나 저것은 분명치가 않구나!

나는 붓다에게 예경禮敬은 올릴지언정, 그 앞에서 복福을 구하지 않는다. 나는 사자이지 개가 아니기 때문이다.

178
1999년 5월 31일

니르바나는
끝없는 것의 끝없음이요,
다함 없는 것의 다함 없음이요,
또한

떠난 것의 떠남 없음이다.
니르바나는
건너간 사람들의 건너감이요,
본 사람들의 봄이요,
머문 사람들의 행진이다.

정념正念이란 무엇인가? 한마음이다.
정사正思란 무엇인가? 한마음이다.
정정正定이란 무엇인가? 한마음이다.
정정진正精進이란 무엇인가? 한마음이다.
그럼 한마음이란 무엇인가?
정념이다.
정사이다.
정정이다.
정정진이다.
바로 팔정도八正道이다.

그대가 바다를 건너려 하면서,
목숨을 두려워한다면 저 언덕에 이를 수 없다.
결코 목숨을 섬기지 말아야 한다.
목숨을 허깨비요, 번개라고 보아야 한다.

그러면 바다를 건널 수 있으리라.

마음!
눈에 있으면 본다 하고,
귀에 있으면 듣는다 하고,
깨달음에 있으면 안다 하고,
여자의 가랑이에 있으면 음습하다 하고,
하늘에 있으면 난다 하고,
땅에 있으면 간다 하고,
계율에 있으면 깨끗하다 하고,
술잔에 있으면 취한다 하고,
약에 있으면 마취되었다 하고,
과거에 있으면 어제라 하고,
미래에 있으면 내일이라 하고,
현재에 있으면 오늘이라 하고,
떠나면 죽는다 하고,
오면 태어난다 하고,

태 속에 있으면 태아라 한다네.

179
1999년 5월 31일

　아아, 인간에게는 철학과 욕망이 다 같이 존재하여야 한다. 수도修道와 음란함이 서로 앞뒤를 바꿔 가면서 한 번씩 행해져야 한다. 깨달음이란 이것이어야 하는가? 마음에 걸림이 없음이란 이런 자유를 말하는가? 세계가 건립되고 거기에 사는 생명들은 세[世, 時間]와 계[界, 空間]를 벗어나지 못한다. 그 세계는 바로 자기 마음의 돔DOME이니까. 그러면 깨달음이란 무엇인가? 이 세계가 자기 마음의 돔이라는 것을 눈치 챈 그것인가?

　우주를 다 잡아먹고도 모자란다 하는 욕심도, 숲속에서 홀로 있어도 족하다 하는 비움도, 그 사이에 있는 뒤섞임도, 다 저 돔 속에서 벌어지는 일이지 않은가!

180
1999년 6월 3일 목

　습기習氣,

　습관이라는 것은 숲속에 난 사잇길과도 같다. 여간해서는 벗어나기가 어렵다. 그것은 마음이 만들어 놓은 마음과 몸이 가는 길이다. 습관이 쌓이면 곧 성정[性情, 성깔]이 되는데, 이는 여럿이 함께 가는 대로大路와 같다. 눈·귀·코·혀·몸·생각이 한꺼번에 몰려다니기 때문이다.

그러면 '습기'라는 것은 어떻게 생기는가?

방치하면 생긴다. 이는 아이를 내버려두면 버릇없는 아이가 만들어지는 것과 같다.

집착하면 생긴다. 이는 음습한 곳에서 곰팡이가 생기는 것과 같다.

우치하면 생긴다. 이는 단 것만 좋아하다 이가 썩는 것과 같다.

따라하면 생긴다. 이는 아들이 아비를 따라 하는 것과 같다.

무지하면 생긴다. 이는 몸에 병이 드는 것과 같다.

자만하면 생긴다. 이는 다른 생명을 잡아 죽이고도 참회하지 않는 과보와 같다.

삼가 조심하고 또 조심할 일이다. 마음길은 잘 길들여놓아야 하고 어느 때나 경각심을 가지고 있어야 한다. 일상생활을 늘 조심해 사는 까닭도 여기에 있다.

181
1999년 6월 4일

아는 이에겐 꽃 한 송이로도 충분하지만, 모르는 이에겐 팔만사천 법문과 전오식前五識 등 제팔식第八識에 이르기까지 모두 설렬說列하여도 모자라기는 마찬가지이다. 이른바 근기根機라고 하는 것이다.

부처는 한결같아 평등하지만, 중생은 한결같지 않아 산과 계곡처럼 다르다. 산봉우리는 햇빛을 먼저 받고 계곡은 나중에 받는다. 중생의 세계는 그렇다. 이러한 협곡에서 태어나셨던 붓다. 싫증내지 않고 반복하여 설하신 법法들….

그대여, 실망하지 마라. 바로 그대에게 비추려고 태양은 떠오르는 것이다. 결코 저 자랑하려고 떠오른 것이 아니다. 천지가 흔들리고 바뀌면〔大悟〕, 산봉우리가 부럽지 않으리라.

182
1999년 6월 7일 월

정신에 사기邪氣가 들거나 잡기雜氣가 끼어 있으면 잠이 적어지고, 생활이 어려워져도 타개가 되지 않는다. 다 정신을 못 차리는 까닭이다. 사邪나 잡雜은 문득 생生하기도 하지만, 습濕한 곳에 곰팡이가 자생自生하듯 오랫동안 생성生成되기도 한다.

이는 모두 선정禪定의 힘으로 능히 물리칠 수 있다. 다만 그대가 하지 않을 뿐이다. 단지 이것을 안 하고 저것을 하고 있을 뿐이니, 그럼에도 누구를 불러 굿판을 벌리랴! 그런 까닭에 대자대지 붓다께서도 '이러이러한 것은 하지 말고, 저러저러한 것은 하라'고 세세히 일러 주신 것이다.

좋은〔善根〕 뿌리 내리기가 쉽지 않지만, 일단 뿌리만 내리면 일체의 공덕을 다 거두어들이니, 마치 대지大地에서 모든 자양분을 양껏 흡수하는 나무와 같다. 그럼으로 정진精進하라! 사邪나 잡雜도 이 세상에서 있을 만하니 있는 것이고, 나름대로 필요하니 있는 것이 아니겠는가?

도무지 개의치 마라.

183
1999년 6월 8일 화

사람들은 흔히 운運이 없다고 한탄한다. 마치 그러한 것(運)이 따로 있어서 왔다갔다 하는 것으로 생각하여 움켜잡으려고 애를 쓴다. 하늘을 날지 못하는 것이 운이 없어서인가? 물속을 걷지 못하는 것이 운이 없어서인가? 부자가 되지 못하는 것이 운이 없어서인가?

생각건대, 운이라고 하는 것은 다름 아닌 기운氣運을 일컫는 말이다. 기운이 없으면 소위 운이 없어서 항상 하늘이 노랗고 땅이 휘청거리며 다리가 후들거린다. 이러니 되는 일이 있겠는가?

이 기운은 몸 밖에도 있지만 자기의 기운은 자기 몸 안에 있다. 내 몸에 기운이 넘치면 운은 자연히 움직여 몸과 마음을 덥히고 따뜻해져, 음과 양이 조화되어 만사가 형통하게 됨은 몸의 이치이고, 자연의 이치이다.

그대! 운을 원망하며 애써 쫓는 사람아, 어리석음도 하나의 운이겠는가?

낮엔 일하고 밤엔 자거라. 그러면 기운이 나리라.

기운이 나면 이미 있는 것이니, 따로 밖에서 구하지 마라!

184

1999년 6월 11일 금

　마음방엔 말야, 우주가 들어차도 모자라지 않고, 그런가 하면 티끌 하나도 숨어지지 않는 그런 요술방이란 말이다. 마음방엔 말야, 벌거벗은 여자가 춤을 추고 있고, 늙은 뱀이 허물을 벗고 있고, 그리고 어린 아이가 잠자고 있지. 마음방엔 말야, 가로와 세로가 애무하고 있고, 그리고 어린 아이가 아이를 낳고 있지. 마음방엔 말야, 써도써도 줄지 않는 허공이 춤추고 있고, 모아도모아도 채워지지 않는 산이 막혀 있으며, 그리고 강가의 모래알만큼의 추억이 있지.
　어떤가, 그대는 그 마음방이 어디에 있는지, 그리고 무엇인지를 묻지 말고 어디에 있는지 그리고 무엇인지를 알아내야 하는 거라네. 정진하게. 그대의 마음은 그대에게 있다네. 바로 '내 마음'이라 하는 까닭이지.

185

1999년 6월 14일

　남의 스승 되기를 좋아한다. 사람들에게 많은 것을 가르쳐 주려고 한다. 그러나 이것만으로도 그는 이미 사도邪道의 스승이다. 하물며 그들로부터 공양과 이양을 받음이랴!
　어떤 자칭 무상사無上士는 자신의 근원根源을, 히말라야 산속 깊은 곳,

그 어딘가에 있는 신인神人, 혹은 선인仙人, 성자聖者에게서 받은 것으로 출발한다. 마치 처음의 물방울이거나 한 것처럼…. 히말라야 산은 이 땅에서는 제일 높으므로 무상산無上山이라 할 수 있겠지만, 하늘세계를 포함한 삼계三界에서의 무상산은 아닐 것이다.

무상사는 곧 천인사天人師인데, 히말라야의 어떤 천인[天人, 神]에게서 배워 무상사라고 하면서, 어찌 그 천인의 스승이 되겠는가? 깨달음의 골이 깊어 비록 작은 냇물은 이루었다고는 하나 함부로 무상사의 갓을 쓸 일이 아니다. 망자존대妄自尊大이다.

— 월남여인 칭하이清海가 창시(?)한 '관음법문'이라는 인터넷 웹사이트를 보고

186
1999년 6월 15일

탐욕과 성냄과 어리석음을 충분히 대항하고 거슬러 올라가므로[逆流], 인간으로서 성취하였다 하여 수다원과果라 한다. 그대가 스스로의 탐·진·치貪瞋癡를 따르지 아니하여, 거슬러 올라갈 수 있는지를 잘 살펴보고, 남의 스승이 되어야 한다. 함부로 할 일이 아니다. 적어도 남에게 탐貪·진瞋·치痴를 꾸짖고 가르칠 때는 말이다. 그래도 이 행성行星을 탈출하기는 힘들다.

이 사바세계[行星]를 벗어나 천상의 복락을 받다가 다시 한 번은 이 행성으로 와서 뜻을 이루므로[一來果] 사다함과果라 한다. 그대가 먼저 스스

로 잘 살펴보고 남에게 천상의 비전을 심어야 한다. 자신의 기분이 그렇다고 함부로 할 일이 아니다.

다시는 이 번뇌의 땅에 오지 않는다 하여 아나함과〔果, 不還果〕라 하는데, 그대가 스스로 잘 살펴보고 남에게 번뇌에서 해탈하도록 가르칠 일이다. 함부로 할 일이 아니다.

마땅히 세상의 공양을 받을 만하므로 아라한과〔果, 應供〕라 하는데, 그대가 먼저 스스로 안팎으로 모든 다툼이 그쳤는지를 잘 살펴보고, 남들에게 스승이라 불려야 한다. 함부로 할 일이 아니다.

신神을 가르쳐야 하는가?
신을 찬양하고 드높이도록 하며 사모하게 하여야 하는가?
신의 섭리를 인정하게 하고 그 안에서 평안과 행복을 얻도록 하여야 하는가?
방편으로서 말이다.
이미 예수가 다한 일을 누군가 다시 해야 한다고…?

지금 꾸고 있는 이 꿈은 현실입니다. 현실이라 불리는 이 꿈은 쉽게 깨어나지지 않습니다. 하늘도 산도 그리고 바다도…. 나는 일평생을 이렇게 꿈만 꾸다가 한 번 깨어나지도 못하고 죽습니다. 사실은 죽는 꿈입니다. 죽는 꿈으로 나는 마치 어제에서 오늘에 이른 것처럼 태어나는 꿈을 꿉니다.

이렇게 꾸어대는 꿈을 현실이라는 세계라 하며, 마치 실재하는 시공처럼 느낍니다·봅니다·듣습니다·만집니다. 이것에 의하여 미치지는 않지만 정말이지 미칠 것 같습니다. 얼른 깨어나고 싶습니다. 내가 꾸는 꿈에서 나를 깨워주는 나를 알고 싶습니다. 이 가상의 시공에 갇혀 허우적거리는 것이, 도대체 얼마만한 어리석음의 중첩으로 이루어져 있을까요?

187
1999년 6월 17일

'깨달음이란 무언가? 아니 무엇이어야 하는가? 무엇을 깨달으란 말인가?'

나는 말한다.

첫째, 탐심貪心을 깨달으란 말이다.

색·수·상·행·식色受想行識 등에 들러붙는 탐욕을 알아차리고 깨달으면 탐욕에 끄달리지 않는다.

둘째, 진심嗔心을 깨달으란 말이다.

안·이·비·설·신·의眼耳鼻舌身意에 들러붙는 성냄을 알아차리고 깨달으면 성냄에 끄달리지 않는다.

셋째, 치심癡心을 깨달으란 말이다.

색·성·향·미·촉色聲香味觸에 들러붙는 어리석음을 알아차리고 깨달으면 아상我相 등을 고집하는 만심慢心에 끄달리지 않는다.

이것을 깨달음의 공덕이라 한다.

무엇으로 깨닫는가? 바로 마음으로 깨닫는다. 모든 것이 다 마음에서 벌어지는 연기緣起인 줄 알면 탐진치는 저절로 없어지는 것을 본다. 깨달음이다.

188
1999년 6월 22일

차원을 설하며, 전 우주를 뒤지는 논자論者들이 있다. 심오한 경험담을 신비하게 논하면, 듣는 이들이 한결같이 멍청해져 보이고(실제로도 멍청한 놈들이다) 설하는 자신은 한참 위대해져 보인다. 1차원~10차원의 세계를 들먹이는 폼은 수학에서 따온 이론이 분명하고, 각 차원의 세계에 대한 묘사는 외계外界를 숭배하는 자들에게서 따온 것 같고…, 되는 것들이다. 우습다. 이런 것들은 굳이 '스승'을 빙자하지 않아도 말법시대인 무불시대無佛時代에 여기저기 창궐하는 적敵 그리스도를 보고 있다.

- '관음법문'을 창설하고 교주 노릇하는 월남 여인 칭하이淸海의 웹사이트를 보고

189
1999년 6월 23일 비

여래如來의 마지막 말씀은 '정진精進하라'였다. '스스로에게 의지하고, 진리의 가르침[法]에 의지하여 정진하라'고 하셨던 간곡한 노성老聲이 사라쌍수 아래의 숲속에 나지막하게 울려 퍼져갈 때, 장엄한 니르바나를 열어 보이셨다.

2500여 년 전에 출발한 그 음성은, 그렇게 끊임없이 달려와 어느덧 나의 고막에까지 이르른 것이다. 귀에도 쟁쟁하게 '정진하라'고.(나는 그때 사바세계로부터 2500여 년이나 떨어진 곳에 있었다) 힘을 내야겠다.

자아自我의 풍선 속에 갇혀 있음이 숨막힌다. 이 풍선을 터뜨려, 이 풍선 속이 텅 비어 있음을 보아야겠다. 여래는 오직 나 하나를 위하여 나고 죽기를 헤아릴 수 없이 거듭하며, 때로는 창녀로까지 변신하여 내 곁에 있었고 나를 도왔는데, 눈 먼 나는 오직 '나'만을 고집하며 '나의 것'이 있다고 착각하여 살아왔다. 어찌 내가 귀신의 험한 업을 갖고 있다 할지라도 귀기울이지 않으랴! '정진하라!'고 하신 저 간곡한 노성老聲에….

"붓다이시여, 여기, 이 사바세계에 아직 거두어 주실 못난 제자가 있나이다.

부디 열반에 들지 마옵소서, 열반에서 어서 나오시옵소서!"

190

1999년 6월 24일

정진精進한다는 것은 두려움 없이 가는 것이다.

정진한다는 것은 세밀하게 살피며 가는 것이다.

정진한다는 것은 개미 한 마리도 다치지 말고 숲속을 걸어가는 것이다.

정진한다는 것은 수많은 언어를 피하여 모든 말을 듣는 것이다.

정진한다는 것은 삶의 애착을 놓아버리고, 마지막 삶으로 떠나는 것이다.

정진한다는 것은 정진함에 싫증을 내지 않는 것이다.

정진한다는 것은 신통을 가지는 것이다. 질투를 기쁨으로, 산을 바다로 만드는 것, 말이다.

정진한다는 것은 악마와 친근親近하는 것이다.

정진한다는 것은 겨울에 벗고 여름에 입는 것이다. 남을 위해 말이다.

정진한다는 것은 정진함만 있을 뿐, 정진하는 이가 없는 것을 보는 것이다.

정진한다는 것은 니르바나를 얻는 것이다.

191
1999년 6월 25일 금

무명無明은 어두움을 말한다.
연기법緣起法을 보지 못하므로 어둡다.
팔정도八正道를 보지 못하므로 어둡다.
사성제四聖諦를 보지 못하므로 어둡다.

어두운 까닭에 무명으로 인因하여 행行이 있고, 내지는 생·노·병·사生老病死가 있음을 알지 못한다. 들려주어도 믿지 않아, 마침내는 바퀴 살에 붙은 살처럼 바퀴가 돌 때마다 저도 도는 끝없는 윤회의 굴림 속에 갇혀 빠져 나올 기약이 없다. 바로 이것을 무명이라 하는 까닭[연유]이다.

이는 또한 저 '생로병사生老病死'가 다만 괴로움이라는 것을 모르므로 괴로움의 원인에도 관심이 없고, 괴로움의 원인을 모르므로 그것을 없애려는 생각도 없고, 괴로움을 없애는 것을 모르므로 그 길도 모른다. 바로 이것을 무명이라 하는 까닭이다. 세상의 학식으로는 도저히 모르는 일이다. 벌레가 갉아먹은 나뭇잎이 어쩌다 글자모양이라 해도 그 벌레가 글자를 모르고 있기는 마찬가지인 것처럼….

아아, 그대여! 이 무명은 깊고도 깊어 비록 붓다가 다시 이 세상에 온다 해도 걷힐지를 장담하지 못하나니, 어찌 살피고 살피지 않으랴! 어찌 조심하지 않으랴.

192

1999년 6월 26일 토

붓다를 친견親見하고 싶은가?

그의 32상相 80종호種好를 보고, 그의 사자후獅子吼 같은 음성을 듣고, 그의 족적足蹟을 따라 걷고 싶은가?

그대가 말법시대의 중류衆類로서 시방十方을 전전轉轉하며 불상佛像을 예배하고 갸륵한 믿음을 일구어 낸다 하여도, 그것은 한갓 붓다에 대한 그리움일 뿐 붓다를 친견하지는 못한다. 마땅히 그 법法을 구하고 법에 의지해야 붓다를 친견할 수 있게 된다.

붓다를 믿는다면서, 다만 친견하기만 바라고 어찌 그 법을 구하고 가까이 하지 않는가! 붓다의 '32상 80종호'는 바로 법의 화신化身이다. 그렇다면 그대는 마땅히 법에 주住하여 법을 행함이 붓다를 친견하는 일임을 잘 알진대, 더 이상 마음을 쥐어짜며 부처님을 불러대지 말아라. 부르는 이와 듣는 이가 다 피곤할 뿐이다.

'법을 보는 이 곧 나를 본다' 하신 붓다의 말씀이 결코 허망스레 위로하려고 하신 말씀이 아니니라. 진실로 바라나니, 바로 네가 있는 그 자리에 풀잎을 깔고 앉아, 법을 보아야 참되게 붓다를 친견함이 되리라.

193

1999년 6월 27일 일

 '입으로는 천사의 말을 하고 심오한 진리를 깨달은 자도, 사랑이 없으면 마치 울리는 꽹과리와 같다'고 한, 그 사람의 깨달음에 귀의한다. 사랑, 즉 자비의 마음이 샘처럼 솟는 이가 곧 보살이기 때문이다. 이러한 말을 그가 한 것을 보면, 당시의 불교대승사상이 인도양을 건너 멀리 유대 땅에까지 전하여졌음을 넉넉히 짐작할 수 있다.

 유대 땅에도 스스로의 신비주의적 나 홀로 관觀에 심취하고 있던 무리들이 적잖이 있었다고 추측되는 대목인데, 그들에 대하여 사자후 같은 일침을 가한 것이 바로 그가 한 저 말씀이었다. 대론對論을 좋아하는 이와 연기의 법을 깨우친 이들은 새겨들어야 한다.

 사랑한다는 것은, 둘이 아님을 본 까닭입니다不二門.
 사랑한다는 것은, 스승 중의 스승이라는 것입니다天人師.
 사랑한다는 것은, 안과 밖에 다툼이 없다는 것입니다無爭果.
 사랑한다는 것은, 아껴야 할 '나(我)'가 없음을 고백하는 것입니다無我論.
 사랑한다는 것은, 텅 비어 있음(空)을 보는 것입니다空觀性.

194
1999년 6월 29일 화

애절하고 간절한 그대 음성이 우선 그대 자신에게 먼저 울리게 하라.
몸이란 세계는 허망하여 믿고 안주安住할 만한 곳이 아니니,
이왕에 입은 몸, 억지로 벗을 것까지는 없다 해도,
스스로도 믿을 것이 못 되니, 하물며 남으로 하여금,
믿고 의지케 해서야 되겠는가!

195
1999년 7월 1일 목

세간의 사랑함은 고통이다. 고통 중의 으뜸 고통이다.
유치원 아이들이 캠프 갔다가 27명이나 불속에 갇혀 죽었다는 뉴스를 들었다. 뉴스를 듣는 것만으로도 이렇게 가슴이 미어지도록 쓰라린데, 그 부모의 심정은 어떨 것이며, 죽어갈 때 그 아이들의 절규는 어떠했을까?
어른들의 장삿속, 그 하찮은 돈놀이 때문에 그렇게 순진한 어린 영혼들의 애끓는 절규가 불속에 타들어가고 말았다. 그런 집을 지어 장사하는 ×이나, 그런 것을 허가해 준 ×이나, 그런 것을 관리 감독하는 ×이나, 그런 곳에 끌고 간 ×들이나, 다 하나같이 지옥문이 활짝 열린 곳에서 사는 ×들이다. 돈 몇 푼을 더 벌기 위해 어린 아이들 목숨을 담보로 장사하다

니, 너무 어이없는 어른들의 탐욕스런 장난에 아랫배 저 밑바닥에서 울분이 솟구쳐 나온다.

아, 진실로 참다운 선생〔스승〕을 만나지 못하면, 저렇게 잘못 이끌려가 타 죽기는 어린아이나 어른이나 매 한가지이다. 좋은 선생을 찾아서 목숨을 던지는 이유가 바로 여기 있다. "부디, 그 어린아이들에게 모든 두려움 없애주는 관세음보살님의 현신가피가 있어, 좋으신 분의 인도로 고통 없기를, 불법승佛法僧 삼보三寶께 기도합니다."

196
1999년 7월 4일 월

'참회'에 대하여 누가 나에게 물었다. 내가 대답하기를,

"참懺은 이미 지은 것을 부끄러워함이고, 회悔는 앞으로 짓지 않겠다고 다짐함이니, 그러므로 참회라 합니다. 참은 붓다에 대한 믿음을 말함이고, 회는 이미 얻은 믿음에서 물러서지 않음이니, 그러므로 참회라 합니다.

참은 모든 것에 자성自性이 없음을 확실히 보는 것을 말함이고, 회는 그 윽히 공성空性과 계합하는 것을 말함이니, 그러므로 참회라 합니다.

참은 아상我相 등의 계박에서 해탈함이요, 회는 해탈한 것을 나눔이므로, 참회라 합니다.

참은 삼세三世에 뛰어남을 말함이요, 회는 시방十方에 현현顯現함을 말

함이니, 그러므로 참회라 합니다.

참은 안으로 무아無我를 봄이요, 회는 밖으로 무상無常을 봄이니, 그러므로 참회라 합니다. 이런 까닭에 세상에 온갖 성인들마다 참회를 권장하였습니다만 붓다의 참회는 참으로 받아들여 볼 만한 것입니다…"

197
1999년 7월 6일 수

일체유심조一切唯心造라 했는데, 그러면 그 마음[心]은 무엇이 만들어 내는가[造]?

이런 의심에 답한다. 마음은 자성自性이 없다. 자성이 없으므로 아我가 없다. 아我가 없으므로 무상無常하다. 무상하므로 조작造作, 변화한다. 조작 변화하므로 자작자수自作自受 한다 하였으나, 실은 짓는 이도 받는 이도 없다.

이런 까닭에 움직임 없이 움직이고, 만드는 이 없이 만들어지는 것이 마음이니, 묘한 이치가 아니겠는가? 말하리라.

마음이 짓고 받을 때에는, 여섯 가지로 짓고 스물 네 가지로 받는 것이므로 자작자수라 할 따름이니, 허망한 움직임이다. 바로 안·이·비·설·신·의眼耳鼻舌身意의 여섯 가지로 짓고, 각 가지마다에 좋고 나쁨, 좋기도 하고 나쁘기도 함, 좋은 것도 아니고 나쁜 것도 아님의, 네 가지씩을 받는다. 또한 이 각 네 가지마다는 다시 12가지의 마음을 짓는데, 바로 12연기이다. 이는 다만 움직임, 곧 마음이 카테고리이다. 여간해서는 벗어나기 어렵다.

198
1999년 7월 10일 토 비

　선정禪定만 좋아하고 거기에만 들어가기 좋아하면서, 계율戒律은 그다지 힘을 쓰지 않는다면, 바르게 배우는 것이 아니다. 생각건대 선정은 마음을 여여如如하게 운용運用하는 증표가 된다.
　살생殺生하지 마라!
　이것이 만일에 '살신殺神하지 마라'였다면, 그대에게는 의미 없는, 성립 가능성이 없는 계戒였으리라. 또한 이것이 '살인殺人하지 마라'였어도, 지키기는 매우 쉽고 평생에 별 노력을 기울이지 않아도 되리라. 이것이 '살생하지 마라'일 때는 간단한 문제가 아니다. 그대가 한 번 시도해 보라. 많은 장애가 마음으로부터 오간다. 마음에 높은 망루를 세우고 사방을 주의 깊고, 사려 깊게 인식하지 않으면, 아차 싶게 그대의 발 밑에서 개미들이 밟혀 죽는다. 쉬운 일이 아니다. 깨어 있는 마음만이 오직 살생의 계戒를 흠 없이 지켜나간다. 선정이 계로부터 근본 하는 까닭이다.

199
1999년 7월 12일 월

　불립문자종不立文字宗.
　옛날 어떤 사람이 있었는데 일자무식一字無識이었다. 그도 어느 날 문득 발심發心하여 '깨우침이 어디 문자에만 있으리요!' 하고 일심一心으로 정진하니, 곧 견성見性할 수 있었다. 그에게도 많은 제자들이 생겨 가르침을 주는데, 한결같이 문자와는 상관없는 것, 그야말로 전위예술적인 것들이었다. 예컨대 사람들이 깨달음을 물어오면 '마루를 닦듯이 마음을 닦는 것', '손가락을 세워 보임', '마른 똥막대기' 등등. 닥치는 대로 내어 뻗고 고함을 질렀는데, 후세들이 보고 많이 흉내내었더라.
　하고 보니, 따분하게 글[文字]을 읽으며 공부하는 것보다 재미도 있고 폼도 나므로 한결 수월하여, '문자文字를 세워 뭐에 쓰게?' 하는 종문宗門이 생겼지 뭐야. 바로 불립문자종不立文字宗이며, 직지종直指宗이라는 것이다.
　말하지만 부처님은 무식하여 글을 모르는 분이 아니셨다. 다만 무식하여 글을 모르는 사람들을 가르치셨던 교사이셨다. 부처님은 얼마나 무식하였으면 앞 글자字를 가르치면 뒤의 글자字를 잊어버리는 사람에게도 방편을 써서 깨우침을 베푸셨을까.
　아난다나 가섭존자 등이 고생 고생해 가면서 왜 문자로써 결집하였겠는가? 그들 존자들께서는 다 저 불립문자不立文字의 종사宗師들만 못하여,

짐짓 문자를 세워 부처님의 마음을 전하였겠는가? 대저 인간에게는 말과 글이 아닌 뜻만으로는, 손가락만으로는, 고함이나 몽둥이만으로는 심성心性을 다 다스릴 수 없고 가르칠 수 없다.

만일 어떤 사람이 다른 사람에게 "저 산에 가면 갖가지 진귀한 것이 있으니, 가서 보고 가져다 써라"고 전하고 싶으면 어찌 해야겠는가? 한 마디 말이나 글이면 간단히 전할 수 있는 것을, 불립문자에 얽매어 무식을 숭상한다면, 그는 수고로이 그를 데리고 몸소 다시 갔다와야 하거나, 손가락을 세워 갖은 표현을 하거나, 고함을 버럭 내지르거나 몽둥이로 두들기거나 등등, 이상하게 불필요한 전위 예술적 행위를 해야 한다. 그래서 다른 사람이 알아듣거나 말거나…, 못 알아들으면 근기根機 탓이지 뭐…. 그러므로 알라. 불립문자不立文字, 직지심종直指心宗은 시대 상황이 낳은 방편이었을망정, 올곧은 붓다의 정교正敎는 아님을….

붓다를 찾아온 그 수많은 난민(?)을 대하여 붓다는 한번도 괴상한 고함을 지르거나, 몽둥이로 두들겨 패거나, 손가락 하나를 세워 보이거나, 마른 똥막대기라고 너저분하게 말하거나 하지 않으셨다. 왜 그랬을까? 붓다가 말법시대의 저 불립문자 종사들보다 너무 유식해서였을까? 그들보다 길[道]을 잘 몰라 일부러 사람들을 빙 돌아가게 했을까? 아니면, 자비심이 그들 종사들만 못하여 사람들을 빠른 길로 가게 하지 않았을까? 그도 아니면, 붓다와 동시대에 태어난 사람들이 말법시대 중생들보다 근기가 아주 낮아서, 붓다는 짐짓 사자후를 했어야 했는가?

아아, 나의 이 하찮은 견해가 전등傳燈의 선사先師들에게 감히 누가 되는 것이 아니라면 좋겠다. 붓다의 등불을 이어 받은 선대의 스승들은, 비록 그 시대의 상황이 불립문자를 내세울 수밖에 없어서, 임시방편으로 걸어 놓은 문패였으면 좋겠다. 아니면, 버리리라.

200
1999년 7월 13일 화

    존재하지 않는다. (존재할) '나(我)'가 없기 때문이다. '나'가 없기 때문에 (할 수 없이) 공空이라 한 것이다. 그러므로 공이 곧 '나'라고 말할 수도 있고, '나'가 아니라고 말할 수도 있다. 공이 '나' 아니라고도 말할 수 없고, 공이 '나'라고도 말할 수 없다.

    해탈이란 다시 말하면 이런 것이다. 이런 것이므로 굳이 언설로써 잠시 쟁기를 삼아 밭을 갈고 씨를 뿌렸을 뿐, 중생계에는 이해를 떠난 것이다. 다만 인연 있는 자, 공의 도리를 들음에 문득 꿈에서 깨어나기를 바랄 뿐으로써, 쟁기를 만들어 수고하였음이니, 그대여 발심하지 아니하면 이러한 수고로운 팔만사천 법문이 도대체 무슨 의미가 있겠는가!

    왜 존재하지 않느냐고 묻는가? 그것은 바로 물음을 놓고 그것에 답할 능(能, 主)과 소(所, 客)가 다 없기 때문이다. 진실로 거기에 답할 '나'가 없기 때문에 물을 '나'도 없으리라.

    마음.

일체가 다 마음이라고 했는데, 마음은 사유할 수가 없다. 사유하는 것이 마음인가 사유되는 것이 마음인가? 마음은 생각을 낳고, 생각은 뜻을 낳고, 뜻은 말(言)과 행동을 낳고, 말과 행동은 각각의 과보를 낳는다.

그런데 마음은 무엇이 낳는가? 그 마음은 그대가 직접 찾아보아라. 열두 바퀴살이 한 바퀴 안에서 빙글빙글 도는데, 대관절 어느 것이 처음 바퀴살인가를 알아보라. 그대가 만들었으니 그대가 잘 알 것 아닌가! 아아, 마음이라 하였지만 '마'도 아니고 '음'도 아니어라!

201
1999년 7월 15일 목 비

고통보다 공포가 더 두렵다. 고통은 선정禪定을 방해하지만, 공포는 그것을 파괴하고, 더 나아가서는 선근善根을 잘라버리기도 한다.

아아, 뉘라서 감히 숨넘어가는 그 한순간에, 정심定心을 잃지 않고 앉아 있을 수 있으랴. 살아서 한 번 목숨을 버리는 철저한 연습(修行)을 해놓지 않으면, 누구도 장담을 할 수가 없다.

202
1999년 1월 19일 월

처음을 궁구하지 마라. 헛된 일이다.

나중도 궁구하지 마라. 끝이 없는 일이다.

처음이란 어제의 일이므로, 아무리 궁구하여도 이미 지나간 일이다. 나중이란 내일의 일이므로, 아무리 궁구하여도 오지 않은 일이다 이와 같이 태초太初란 것도 종말終末이라는 것도 다 어제와 내일의 일이며, 궁구하면 할수록 피로를 얻을 뿐 무슨 소득이 있으랴!

눈이 피로하면 허공을 보되 헛꽃을 보고, 귀가 피로하면 허공 가운데서 환청을 듣고, 이와 같이 보고 들은 것을 피로한 혀로 설하며, 사방을 돌아다니느라 몸마저 피로하도다.

무슨 기약이 따로 있겠는가! 그대여, 다만 지금을 궁구하라. 깨달음과 구원이 있다면, 그것은 지나간 과거에도 없고, 오지 않은 미래에도 없고, 오직 지금 이 순간 현재에만 있다. 왜냐하면 '있는 것'이라고는 현재뿐이기 때문이다. 깨달음이나 구원이 만일 정말 '있는 것'이라면 그건 오직 '현재'일 뿐이다.

남자는 무덤에 가기 직전까지도 색욕色慾을 못 버린다. 그러면 여자는 무엇을 못 버릴까?

오로지 선정禪定공부를 하여야 한다. 장애가 오더라도 해둬야 한다. 지금 조금이라도 해 둔 인연이 아니면, 무슨 인연으로 스승을 만난단 말인가! 일체의 잡기雜技를 일도양단一刀兩斷으로 끊고자 한다. 홀로 있음만이 숲을 빛낼 수가 있다. 그래서 경전을 더 많이 보고, 억념하고, 조신調身하고, 말을 아끼자.

남아 있는 이들이 얼마나 나를 그리워할지라도, 결코 뒤돌아보지 말자! 나는 정진하리라. 뭇 별들이 연속으로 전송해오는 억겁의 소식을 똑똑히 들으리라. 그것만이 나를 거쳐간 모든 선, 후대들에게 올곧은 은혜를 갚는 것일 것이다.

"시방삼세十方三世의 삼보三寶께서, 나의 이 서원을 증명하사 제 목숨을 거두어주소서."

203
1999년 10월 25일 월

잡雜스러움.

일심一心을 알지 못하고 믿지 못하는 심리상태는 다 잡스럽다.

한 곳을 오래 쳐다보고 있으면 문득 그것이 움직인다던가 커진다던가 황금색으로 된다던가 하는 이상한 현상이 일어난다. 그 중에 어느 것이 진짜인가? 그러나 진짜는 없다. 다만 마음이 여여如如하지 못하므로 (오래 쳐다보는)인연에 의해서 움직이고 있을 뿐이다.

쳐다봄도 마음이요, 움직임도 마음이요, 커짐도 마음이요, 황금색도 마음이건만, 그 각각의 과보는 다 달라서 쳐다봄으로부터는 관찰지智를, 움직임으로부터는 산란함을, 커짐으로부터는 두려움을, 황금색으로부터는 환상을 일으킨다. 이러한 변화는 중중무진하여 측량할 수 없으므로 무

량한 중생심이라 하고, 다시 이것을 달리 설명할 수 없어서, 일컬어 말하되 일심이라 하였을 뿐이다. 이미 한마음으로 돌아와서는 더 이상 미친 짓을 모두 끊어 없앴기 때문에 지혜의 공과인 것이다.

그대, 허공의 꽃을 보고 허우적거리는 자여! 한마음의 도리조차 오히려 버려야겠거늘, 하물며 그것의 잡스러움이겠는가? 홀로 가만히 들어앉아 흐르는 마음강물에 배를 띄워놓고, 오고가는 물속의 그림자를 보니, 과연 내가 띄워놓은 배의 그림자가 아니었던가! 내가 있으면 나의 그림자도 있는 법, '나'도 잡스러운 판에, 감히 '나의 그림자'를 좇으려는가?

이것저것 어지러워 죽겠거든, 그래도 내 말을 한 번 믿고 앉아 보시게나. 한마음의 장난치는 이 삶의 푸닥거리를, 그리하여 부디 속지 마시게나.

204
1999년 10월 26일 화

다가오는 비참함.
예감하는 초라함.
그것보다,
그래봤자, 아무 소용없다는 깊은 절망감 때문에,
사람들은 서로 오래 사랑했다가도,
깊이 사랑했다가도,

단 한 번에 헤어지고 만다.
모든 이들이여, 행복하라!
행복하게 태어나고,
여유있게 늙어가고,
늠름하게 병이 들고,
또렷하게 죽기를 삼가…

205
1999년 10월 28일 목

어젯밤, 승해가 열이 많이 나서 끙끙대는 것을 보면서 꼬박 새웠다. 아스피린 먹인다, 냉수 습포한다, 왔다갔다하다가 옆 침대에서 밤새워버린 것이다.

아버지가 생각났다. 내가 중학교 2학년 14살 때, 심장병으로 아버지와 단 둘이 예례리에서 요양할 때의 그 어느 날 밤, 나는 너무 괴로웠지. 너무너무 숨쉬는 게 벅차서 마치 밤새 멈추지 않고 달려버리는 아이처럼 헐떡거리고 침대 위에서 고통스러워하고 있었지. 그 밤으로 나는 죽는 줄 알았어. 어린 나이에 죽음을 예감하고 있었지. 괴로움에 허덕이다 살큼 눈을 떴다.

아버지가, 나의 가엾은 아버지가 침대 위에 서서 울고 계셨다. 눈물을 주르륵 흘리며 울고만 계셨다. 그 순간 나는 '아, 내가 이제 죽는구나. 그러니까 아버지가 우시고 있지' 하고 생각했다. "아버지, 내가 죽어?" 아버지는 후다닥 눈물을 훔치며 "쓸데없는 소리, 죽긴 왜 죽어" 하시면서 책상으로 돌아가 앉으셨지. 아마 아버지는 밤새 우시면서 기도하셨을 거야. 그때 아버지는 마음이 얼마나 아프셨을까. 내 아들이 조금 열이 난 것으로도 난 밤을 지새는데….

206
1999년 10월 30일 토

사랑이란,
매우 철저하게 독립된 감정이다.
주변 여건이 어떻게 포위하여 오건,
아주 강력하게 저항해 나가는 특성이 매우 독특하다.
함부로 봐 줄 호락호락한 물건이 아니다.

'알고 있다'라는 생각에 홀리지 말자.
그 한 생각을 섬기면 만 가지 우상을 섬기게 된다.
'알고 있다'라는 생각이 만들어져 나오기까지에는,
얼마나 많은 교만의 도깨비들이 잔치를 벌이고 있었겠는가!
그대가 만일 진정으로 깨달음에 가까워 있다면,
'알고 있다'라는 생각을 내기 전에 이미 그 생각을 예견하고,

'침묵'과 '떠남'을 준비하고 있어라.

모름지기 '알고 있음'을 드러내려 하지 마라. 아무 짝에도 쓸모없다. 수많은 세포들의 수고로운 업業만이 아까울 뿐이다.

207

1999년 11월 9일 화

시詩.

사랑한다는 것은 소유한다는 것이 아닙니다.

소유한다는 것이 사랑한다는 것이 아닌 것처럼,

사랑한다는 것은 번민한다는 것이 아닙니다.

번민한다는 것이 사랑한다는 것이 아닌 것처럼,

사랑이 (그렇다고) 다 기쁨만은 아닙니다.

모든 기쁨이 다 사랑만은 아닌 것처럼,

때로 홀로 가만히 드러누워 있으면 떠오르는

그것이 진정 사랑입니다.

몸소 분주히 움직이지 않아도 찾아가고,

입을 열어 부르지 않아도 찾아오는,

실로 가만히 뜰에만 나가도 피어오르는,

그것이 사랑입니다.

208
1999년 11월 18일 목

몸이 아플 때 힘주어 조신調身하는 법.

'나는 그래도 아직 의식을 잃지 않고 있다. 뼈를 깎아내는 신음을 참으며 누워 있지 않다. 콧구멍에 호스를 집어넣고 숨을 쉬고 있지는 않다. 그러므로 나는 남들을 위해 온갖 병고에서 어서 해탈하기를 빌어야 한다. 나의 의식이 아직 명료할 때, 남들 모두가 평안하기를 집중하여 염송해야 한다. 이것이 내가 지금 여기에(응급실) 있는 인연이다'라고 염식念息하면서, 다시 불·법·승佛法僧의 삼보三寶에 귀의하고, 무상관無常觀을 하되, '나의 이 무상을 관함이 병든 중생들에게도 전달되기를' 의식한다. 즉 '이 병고는 항상하지 않다. 이 세상 모든 것은 변하여 없어지는 것이다. 하늘의 해와 달도 변하여 없어지는 것이다. 하늘의 해와 달도 변하여 없어지는데, 하물며 인간의 병듦이 항상하겠는가. 건강함이 항상하지 않아 병이 든 것이고, 병든 것도 항상하지 않아 곧 변하여 없어진다'라고 관하면서, 다시 관하기를 '이렇게 변하여 없어지는 것으로 나(我) 없음을 살펴봐야겠다'고 하여 무아관無我觀을 하여야 한다. 몸이 아플 때는 이렇게 조신하라.

209
1999년 11월 24일

 道可道 非常道

 빗소리에 잠을 깬 밤엔 허공에 가득한 어둠을 짐작하여 비로소 공空을 더듬네.

 아니면 적막에 기울인 술 한 잔에 남긴 텅 비어 있음을 언뜻 보아 공을 더듬네.

 이미 이렇게 말을 하여 버렸으니 이제 어디 가서 다시 텅 비어 있음을 구하랴!

 길이라 부를 만하여 길이라 불렀더니,

 이미 그 길은 사라지고 없구나!

 꿈속에서 찾은 그리운 이,

 깨고 나면 있을 리 없어,

 다만 홀로 뜨락에 마주하여,

 텅 빈 잔을 들어보네.

210

1999년 11월 27일

어제 제주도. 아버지 6주기.
오늘 19:00에 아버지 6주기 예배, 오문찬 장로님과 이병태 장로님 모시고 은혜스럽게 지냄.

211

2000년 4월 17일 월

오랜만에 펜을 들어보네.
2월 23일부터 시작된 불면증이 아직도 계속되어 거의 매일을 병원에서 준 수면제로 잠을 잔다. 그래도 요즘은 덜하여 한 알 먹고 자던 것이 반 알로 편안히 자니 다행이다. 아마 지난해 12월부터 판명되어 치료를 시작한 천식 때문인 듯하다.
병원 의사에게 물으니, 천식환자들이 대부분 신경이 예민하여 불면에 많이 시달리기도 한다고 한다. 천식이 아무렇지 않은 듯해도, 온몸을 노곤하게 만들고 움직이지 못하게 하여 많은 의욕을 소실케 하기 때문에, 주위 사람들에게 신경 쓰이게 한다.
'몸에 병 없기를 바라지 마라. 몸에 병이 없으면 두 주먹에 의지하여, 제 잘나 잘 사는 줄 알고, 위로 하늘을 무서워하지 않고, 아래로 사람들에

게 횡포하니, 삼가 병 있을 때 좋은 약으로 삼아라' 한 옛 성현의 말씀을 기억한다.

212
2000년 5월 3일 수

'마정수기摩頂授記.'

옛적에 부처님께서 제자들의 이마를 어루만지면서 "너는 이 다음 오는 세상, 어느 시대에 무슨무슨 부처님이 되어 한량없는 중생을 교화하리라"고 미리 말씀해 주셨다.

받는 사람이 이에 힘을 내고 더욱 정진하였음은 물론이다. 그러나 이것은 오늘날에 각 사찰에서 행하는 '마정수기'와는 사뭇 다르다.

첫째, 마정수기 하는 이가 '부처님'이어야 하는데, 작금의 하는 이는 일개 범부승凡夫僧일 뿐이다. 어찌 수기이겠는가?

둘째, 마정수기를 받는 이가 부처님 때에는 모두 아상我相이 없어진 성자들이어서 불佛을 이루는 것이 다만 시간 문제였을 뿐이었으나, 오늘날 받는 이 가운데 과연 몇이나 아상을 없앴겠는가?

말하건대, "나는 부처님이 되리라" 한다면, 이 사람은 '나'라는 아상에 떨어진 사람이라 결코 불佛은커녕 사과위四果位에도 못 드나니, 이는 『금강경』에서 친히 부처님께서 자비롭게 설해 놓았으니 그대들은 보아라.

213
2000년 5월 19일

마음에 새어나감이 없어야 한다. 막힘도 없어야 한다. 그러기 위해서는 항상 비추어 보라. 이것이 바로 진흙 속에서 연꽃이 핌이다.

모든 중생을 제도하려는가?
먼저 모든 중생의 은혜를 갚아라.

마魔의 일을 알지 못하면, 마의 권속이 되어 있으면서도 이를 알지 못하여 종내는 마계魔界에 머물게 된다. 선지식善知識이 아니면 능히 알기 어려우니, 늘 선지식을 가까이 할 일이다. 만일에 선지식이 주위에 없다면, 『능엄경』이나 『대승기신론』 등을 평소에 잘 익혀서 대처하여야 한다.

214
2000년 7월 23일

이 세상에 구름을 믿어 구름따라 집을 짓고 사는 사람이 있을까? 아무리 방랑주의자라고 해도 그런 어리석은 짓은 아니 할 것이다. 왜냐?
그것은 구름이란 실체가 없으며, 인연따라 모였다가 그 인연이 없어지면 문득 없어지는 것을 눈으로 보아 알기 때문이다. 그런데 왜 사람들은 나[我]를 믿고, 나[我]를 의지하고, 나[我]를 따라 집[業]을 짓고 살까?

나[我]라고 하는 것은 그 실체가 없음이 마치 저 구름과 같은데도….

나[我]가 왜 실체가 아니냐고? 그것은 그 주인이 실체를 찾을래야 찾을 수 없는 '마음'이기 때문이다. 주인이 실체가 없는데 나그네 같은 몸이겠는가?

깊이 살펴서 몸을 섬겨 '나'라고 하지 않도록 주의할 일이다. 온갖 어리석음이 다 여기서 나온다. 세상의 온갖 강물이 다 산꼭대기에서 나오고, 산꼭대기 물은 다 구름에서 나오는 거처럼….

215
2000년 7월 27일

춤을 춘다.
거미가 거미줄 위에서 춤을 춘다.
출렁이는 세계.
출렁이는 세계.
하나,
둘,
셋,
넷…,
끝이 없는 세계.

알고 보면 다 저마다의 세계.
그 거미줄 사이로 보니 다시
또 다른 세계가 보인다.
사자는 쫓고
톰슨 가젤은 달린다.

216
2000년 7월 31일

그대가 내가 아니라고
누가 장담할 수 있겠는가!
다만 그대가 내가 아니라고,
내가 그대가 아니라고
우리는 생각하고 있을 뿐이다.

217
2000년 8월 1일

번뇌를 즐거운 인생이라 여기기 때문에, 그대는 삼계三界의 불타는 집에서 처자와 재물로 희희낙락하고 있다. 그것을 가엾다고 말하는 것이다. 불타는 집 속에서는 앉아도 앉음이 아니고 쉬어도 쉼이 될 수가 없다.

무엇이 번뇌인가?

번뇌는 불타오름이다.

무엇이 불타오름인가?

여기에 성냥이 있고 나무가 있고 부딪침이 있다. 성냥(性)으로 부딪쳐서(行) 나무(緣)에 붙이면 불(果)이 타오른다. 자기의 성품으로 움직여서 여기저기 부딪쳐 일어나는 일체의 원자적인 상념의 생生과 멸滅이 다 번뇌이다. 그것을 거스를 수 없으므로 번뇌의 종從이다. 그것에 이끌려가므로 번뇌의 마魔이다. 그것이 끝없이 서로서로 부모가 되고 자식이 되어 이어가므로 상속자相續者이다.

그러나 번뇌가 곧 지혜방편이니 태양과 같은 것이다. 태양은 스스로 끝없이 핵이 서로 부딪치는 것이 번뇌와 같으나 찬란하거나 우뚝 선 것이 지혜광명과 같기 때문이다.

218

2000년 8월 16일 ~21일

제주도에서 여름 휴가. 마라도 구경, 갈 때 멀미 올 때 안 멀미.

219
2000년 8월 22일 수

사람들은 비행기를 타면 떨어져 죽지나 않을까 걱정하고, 배를 타면 물에 빠져 죽게 되지는 않을까 걱정하고, 자동차를 타면 부딪쳐 죽을까 걱정한다. 그렇다면 왜 침대 위에서는 걱정을 안 할까? 사실은 침대 위야말로 자신이 죽을 확률이 제일 높은 곳인데도 말이다.

그러고 보면, 사람들의 죽음에 대한 공포는 죽을 곳에 대한 공포인 것이다. '여기서 죽는다'는 것에 대한 공포. 후후….

그렇다면 '나는 어디서 죽어야만 한다'고 생각하고 있는가?

어리석은 이여,

죽음은 세 가지 손님과 같이 온다.

첫째는, 품위 있는 집을 방문하는 초청 받은 손님처럼 초인종을 누르며 온다. 그대는 자신있게 죽음을 초청할 수 있는가?

둘째는, 예고 없이 찾아오는 도둑처럼 온다. 그대는 이 도둑을 막을 수 있는가?

셋째는, 창칼을 든 점령병처럼 온다. 그대는 감히 대항할 수 있는가?

그리고 도둑이나 점령병처럼 올 때는 그대의 넋을 함께 빼앗아간다.

220

2000년 8월 24일

  한마음을 품기가 힘들다.
  저 땅위를 걸어다니는 암탉도 알을 품을 때엔 사방을 돌아보지 않고 오롯이 알만 품어내는데 하늘을 이고 걸어다니는 이 몸은 저 암탉만도 못하여, 단 한순간 차 한 잔 마실 시간 동안도 한마음을 품지 못하는구나!
  나에게 등불을 전해 주신다고 목숨까지 버려온 저 수많은 선대조사先代祖師 스님들과 그 등불 꺼지게 하지 말라고 당부하시는 여러 보살마하살들께 부끄럽기 그지없다.

221

2002년 1월 15일

망각의 숲으로 날아간 새.
그리고 어느 새,
나는 법도 잊어버렸다.
그렇다고 더욱이나
쪼그려 앉지는 않으리.
다시 날아오를 때에는
잊지 않고 떳떳하게

날아오르리라.

종연終緣의 차창가에 까맣게 내린
어둠 속에 겨울 번개가
서슬 시퍼렇게 번득이면서
내 마음을 꿰뚫고 지나간다.
때마침 뜯어놓은 몇 장의 노트를
단숨에 불태우듯….
산란의 마음은 진정되었다.

222
2002년 1월 16일

청계사엘 갔다.
 법당에 앉아 아미타불을 칭명염불稱名念佛 하였다. 한 시간 넘게 아미타불을 소리내어 부르며—비록 지극한 마음으로는 아니었지만—앉아 있었더니 속절없이 눈물만 흘렀다.
 문득, '이 몸도 내 몸이 아닌데, 하물며 남의 몸에 집착하여 괴로움을 가지랴!' 하는 생각이 들었다. 그 순간, 들고 있던 분함과 안타까움과 배신감이 스스로 떨어져 나감을 알 수가 있었다. 신기한 일이다. 산사山寺를 내려올 때는 내가 언제 그랬냐 싶게 홀가분하였다.

인연이 다하면 꽃잎은 저절로 떨어지는 법, 지금이 바로 그것이 아니던가! 모든 방편은 다했다. 미련이 없다. 스스로 못하는 것(예컨대 금연)은 부처님이 하루종일 옆에 있어도 방법이 없고, 스스로 하는 것(예컨대 무절제)은 애인이 옆에 있어도 바람이 나게 마련이다.

223
2002년 1월 17일

모든 인연의 흔적들을 가능한 다 지우고 싶다. 자랑스러운, 보관하고 싶은 순간들이 아니다. 사람은 남자든 여자든 근본이 잘된 사람을 만나는 것이 좋다. 성향性向이란 얼마나 중요한가! 새삼 나의 중전(아내)이 돋보인다.

날씬하지도 않지만 이쁘거나 매력적인 것도 아니고, 찰떡같은 맛이 나는 것도 아니지만 조용하고 너그러우며, 소심하고 정숙한 것이 나에게는 너무나 과분한 아내이다. 술을 가까이 하나 담배를 피우나, 옷을 고르느라 고민하나…. 정말 가장 평범한 것이 가장 소중하다는 것을 깨우치게 하는 나의 아내, 중전이 아닌가!

이렇게 힘이 들 때이지만 조금도 내색을 아니하고 오히려 내가 상처받지 않도록 위로해 준다. 정작 자기는 깊은 잠도 들지 못하면서….

아미타국토(극락정토)를 방편설교로 말하는 사람들이 있다. 서방 극락정토가 있다는 것은 가장 근기가 하열한 사람들을 위하여 부처님이 설하신 것이라고 한다.(사실은 그렇지가 않다.)

이러한 주장은 선문(禪門, 頓敎)에서 특히 많이 나타나는데, 자성自性의 일심一心을 깨우치는 것이 진정한 대장부이고, 아미타불을 염불하는 것은 힘이 없는 소인(小人, 하근기)의 일이라는 것이다. 그렇다면 아미타부처님이 근기가 낮은 부처님이란 말인가?

비록 아미타부처님이 재가在家의 사람들을 위하여 설하시게 되었지만, 그것은 그럴 만한 시절인연에 따라 설하신 것이다. 석가모니부처님께서 정사精舍에서 출가사문들에게 미리 설하지 않은 것을 문제삼아서는 안 된다. 부처님은 늘 때와 경우에 알맞게 시절인연을 보아 법을 말씀하셨지, 아무 때나 뜬금없이 생각나는 대로 이것저것을 말씀하지 않으신다.

빔비사라 왕과 위제희 왕비의 궁핍한 처지에서, 위제희 왕비의 청에 의하여 가장 시절에 알맞게 펼치신 법이 바로 아미타경이다. 그 장소가 죽림정사도 아니고 영축산도 아니고, 또 듣는 대중들이 천신天神, 성인聖人들이 아니라고 함부로 결단하면 안 된다.

224

2002년 1월 21일 월

내가 할 수 있는 것은 이제 다했다. 빚을 갚기엔 부족한 앙탈(?)이었지만 그것까지 눈 딱 감고 해 마쳤다. 이제 남은 것은 염불뿐이다.

청계사엘 갔다.

흰눈이 산을 덮고 나뭇가지에 매달렸던 눈들이 중력과의 버티기 작전에 밀려 오솔길을 덮으며 철벅철벅 떨어지고 있었다. 수자타였다면 이 광경에 얼마나 좋아하고 있었을까 생각하니, 보지 않아도 그 모습이 상상된다.

요즘 계속 염불삼매 연습하고 있다. 참으로 내가 이때까지 왜 이것을 등한시했을까? 최후의 것, 불교의 처음과 최후의 것은 염불임을 깨달았다.

며칠 전 화분째 들고 갔던 이름 모를 꽃 한 송이는 다른 화려한 꽃바구니에 밀려 법당에서 사라져 버렸다. 열흘에 한 번씩만 물을 주면 여름까지 간다고 한 꽃인데….

아미타부처님 염불을 하는데 텅 빈 법당에 같이 해 주는 이가 없다. 아내를 종용하여 같이 절에 갔다오자고 했는데, '밥이 나오냐, 국이 나오냐'며 혼자 갔다 오란다. 나는 부처님을 좋아하는데 아내는 왜 그런지 모를 인연이다. 식구끼리 도란도란 둘러앉아 아미타불 염불한다면 그 아니 장엄한 광경이겠는가!

한참 혼자 법당에서 염불하고 있는데, 서너 분의 아주머니들이 들어와 부처님께 절을 마치고도 계속 앉아 나처럼 두 손을 모으고 있는 것을 뒤늦게 발견하였다. 분명 내 염불소리에 귀 기울이고자 움직이지 않고 있음이다. 같이 염불하고 싶어도 쑥스러워 그러는 거 같아 발원하면서 '같이 극락왕생하자'고 끼워 주었다. 맘 좋은 이 아저씨이다.

염불하고 밖에 나오니 그쳤던 눈이 다시 내린다. 하지만 내 마음엔 단 한 송이도 들러붙지 못하고 미끄러져 내렸다.

225
2002년 2월 3일 일

큰 재물이 생기면 중생들을 살펴 제도하는 데 쓸 것이고, 작은 재물이 생기면 주변을 정리하고 출가하는 데 쓸 것이다. 늙음과 병듦과 죽음이 있는 한, 그 어떤 즐거움도 진실한 것이 아니고 지켜질 맹세가 아니다.

몸을 보기를 허공과 같이 보고, 마음을 보기를 환幻과 같이 보려 한다. 허공에 뜨거움도 차가움도 부드러운 촉감도 거친 촉감도 성립될 수 없듯이, 이 몸에 접촉되는 것들도 그와 같고 마음이 환술과 같다면 생각들은 허망한 허깨비들이니, 따르면 귀신의 무리에 들어간다.

나는 부처님의 아들이요 제자이다. 늙음과 병듦과 죽음에 맞서 꿀리지 않고 당당해져야 할 텐데 하물며 희로애락 따위겠는가?

226
2002년 2월 18일

몸과 몸 사이에서 일어나는 일로 마음에 번뇌를 일으키지 마라. 다른

것은 몰라도 몸뚱이는 '나'가 아니다. 나의 이 몸도 '나'도 아니고 '나의 것'도 아닌데 하물며, 저기 저 사람의 몸이랴! 그의 몸이 담배 불에 타 들어가든지, 짧은 사이에 잽싸게 몸을 날려 남의 정액을 담고 있든지 상관하지 말라는 말이다.

인연이 다하면 방편도 다하는 것이다. 아, 성향이란 얼마나 중요한 것인가! 이른바 근기란 얼마나 소중한 것인지 모른다. 만남이란 바로 성향과 성향, 근기와 근기의 상봉인 까닭에, 이것이 어우러지지 못하면 만남은 그저 몸뚱이의 부딪침에 지나지 않고 아랫도리의 움직임에 지나지 않는다.

그러한 것에서는 불이 일어날 뿐, 마치 장작을 비비면 그러하듯이….

227
2002년 2월 19일

겁이란 길고 긴 시간이다. 십만 억 우주의 저곳이 멀고 먼 곳이라면, 그 아득히 먼 곳에 걸어서 닿는 시간이 곧 일 겁쯤 된다. 좌선을 하다가 두 발목이 끊어질 듯 아파 오고 왼쪽 무릎이 뒤틀리듯 고통스러워 한 호흡조차도 일 겁쯤 된다고 여겨질 때, 문득 한 호흡사이 인 것을 알고는 부처님이 늘상 말씀하시던 '불가사의不可思議'하고 '불가측不可測'하므로 '불가설不可說'하다는 표현이 떠올랐다.

마음은 참으로 불가사의하고 불가측하여 불가설하다. 걸리면 조그마한 은애로도 생사에 앞서 넘어지고, 풀리면 그물 같은 생사에서도 단숨에 초출하는 것이 마음이라. 지나온 생애를 주마등처럼 떠올려 보니 내가 지금까지 지옥에 들어가 있지 않은 것이 오히려 이상하다. 지옥까지는 아니라 할지라도 불에 타 죽거나 물에 빠져 죽거나 맞아죽기라도 하였으련만, 이렇게 머리에서 발끝까지 멀쩡하니 이것이 불조佛祖의 은혜가 아니고 무엇인가?

굶어 죽을지라도 아무 여한이 없으니, 남은 목숨 '아뇩다라삼먁삼보리〔無上正等正覺〕'에 놓으리라.

홀로 있음을 즐기라.

좋은 벗이란 그대가 가장 지극한 도道에 있을 때 겨우 만날 수 있다. 만일 처자나 애인과 있는 것을 즐긴다면, 그대의 밝힘에 딱 맞는 이들만 만나게 된다.

홀로 있음을 즐길 줄 모르면 가혹한 운명적 만남만 있을 뿐이다. 그대여, 처자와 연인을 떠나 홀로 있음을 즐기라.

불생불멸 不生不滅

다음 글부터는 유마님의 임종과 관련이 있는 글이다. 그분이 쓰신 글과 평소에 자주 "사람은 자신이 잠잘 시간은 모르지만 죽을 시기는 아는 것이다"라고 말씀하셨고, 그리고 유언이 "산소 호흡기를 씌우지 마라. 편안히 가고 싶다"라는 것을 보면, "유마님은 스스로 죽음을 선택하셨다"는 느낌을 강하게 받았다.

만약 그분이 평범한 사람이 아니었다면, 유마님이 죽음을 택함은 "스스로 받기 위함인가, 또는 중생들에게 보이기 위한 것인가"의 둘 중 하나일 것이다. 또한 윤회를 강력히 믿는 그분은 아마도 죽음으로써 모든 이승의 관계를 정리하고, 새로운 생명을 얻어 자신이 가고자 하는 바를 가고 싶었는지 모른다.

생로병사의 중생심으로 살아가는 우리로서는, 그렇게 구도의 열정을 품고, 그리고 이와 같은 흔치 않은 글을 쓰신 분이 자신의 죽음을 어떻게 받아들이며 갔는지 되짚어 볼 필요가 있다고 생각되어, 이 글을 싣게 되었다. 이것은 짧지만 장대한 삶을 살았고, 그리고 당당히 죽음을 맞이한 고인을 슬며시 엿보거나 혹은 신비화하고자 함은 아니며, 다만 우리 자신을 이 글에 비추어 보고자 함이다. 왜냐하면 우리는 필연적으로 죽음과의 관계 속에서 종교를 파악하는 습성도 가지고 있기 때문이다.

그러나 고인은 결코 죽음을 위한 종교를 가지지 않았다. 생활의 종교, 실천 가능의 종교를 가지고 있었음을 수자타와의 대화 중에 온전히 용해되어 있음을 우리는 느낄 수 있다. 현재의 유용함이 종교의 근본역할이며, 천상이나 지옥은 그 차선의 일임을 그분은 늘 강조하셨다.

—카페 동호인 엮은이

228

2002년 04월 18일 01시 44분

유난히 조용한 밤이다.
아니, 유난히 조용한 내 맘이겠다.
십 년 염불 후, 좌선하다가 문득,
낮에 써 놓은 무상無常과 상常에 대한 단문이 떠올랐다.
불생不生과 생生이기도 하고,
불멸不滅과 멸滅이기도 하다.
이어서 반야심경을 내내 사유했다.
좌선에 다리가 아픔을 깨닫고는, 서서히 일어서서 거실 끝과 끝을 오가며,
끝없이 반야심경을 아주 천천히 읊조리며 사유했다.

미묘하다 이 경經이여!

만일 사유된 바 마음을 설하고자 했다면,
바다를 먹물 삼고, 땅을 종이로 삼아 써도 안 됐을 것이고,
바다의 모든 소라가 닳도록 떠들었어도 어림도 없었을 것을,
어쩌면 이렇게 간결하고도 함축적이며 깊이 있는 한정된 글자로 나타낼 수 있었을까!

나는 어느덧 마음에 두려움이 없다는 경지를 느끼고 있었다.
두려움이 있다면 그것은 두려움을 느끼리라고 대놓고 받아 내는
의도적인 것일 수 있다고 생각되었다.
의도적 ….

한 걸음 더 나아가 말한다면, "받는 게 좋다"고 여겨짐을 말한다.
"두려움을 받는 게 좋다"고 의도함은 자유를 말한다.
"아파하는 게 좋다"고 의도함은 자유를 말한다.
감히 말하지만, 함부로 그대가 흉내 낼 일은 아니다.

그 옛날 목련존자가 하늘의 제석천〔하느님〕도 감탄하는 신통을 가졌지만,
받아 마땅하다고 생각하여 외도 니간타스들의 칼에 맞아 열반해 버린 것처럼,
모르는 사람들이 그것을 보고 의심하지만,
아는 이들은 목련존자가 매우 의도적으로 홀가분한 자유를 누렸음을 안다.
그는 자유를 알았던 것이다.
생사의 자유 말이다.
때가 되었다고 느꼈을 때 강도들이 연극배우처럼 나타나 주었을 뿐이다.

마음에는 본디 그런 것이 없다.

없음에도 불구하고 "있다" "없다"고 함은 단지 그러한 것뿐이다.

이제 좇아가고 싶으면 좇아가고,

좇아가고 싶지 않으면 좇아가지 않으면 된다.

다만 그때 그때의 업만 보라.

그리고 그 업이 받아야만 할 것이라면 의도적으로 받아 버려라.

그것이 바로 그대가 그토록 갈구하던 깨달음 아니던가!

저곳에서 몸을 감춰(沒) 이곳에 나타나면(生) 태어남이라 하고,

이곳에서 몸을 감춰(沒) 저곳에 나타나면(生) 죽음이라 하지만,

생몰生沒이 바로 꿈같고 물거품 같고 아지랑이 같음을 알면,

뒤바뀌지 않고 태어나고 죽는다.

뒤바뀌지만 않으면 제대로 사는 것이다.

더 이상 바라지 마라.

229

2002년 05월 06일 18시 57분

_개미 한 마리

한 푼도 깎아 줄 수 없다.

한 티끌도 걷어 낼 수 없다.

한 생각도 움직일 수 없다.

내 좌선에는 벼랑 끝에서 줄타기를 하는 이의 운명처럼 가차없다.

떨어지면 죽는다.

개미 한 마리가 스크린에 그림자처럼 바닥에 나타나,

뒷다리를 곧추세우고 올려다보면서 외쳤다.

"너는 별 것에 다 목숨을 거는구나."

터져 나오려는 웃음을 간신히 참으며,

"그러는 너는 안으로, 밖으로, 앞으로, 뒤로, 아무것도 아닌 일에 목숨을 걸고

바닥을 기어가는구나" 하고 대답한다.

콘크리트로 만든 바다 스크린에서 개미가 사라지며 한 소리가 잊혀지지 않는다.

"너처럼 한가한 줄 아니? 먹고살기에도 바빠 죽겠는데…"

나도 지지 않고 대꾸 한 마디 한다.

"목숨 위에서 한가한 사람 봤니?"

한가하자고 한 것은 발악이었다. 떨어지면 죽으니까.

하지만 결국 나는 한가하게 늙고 한가하게 병들고 한가하게 죽을 것이다.

"잘 가라 개미야!"

한치도 양보할 수 없는 내 삶이다.
도리어 마음이 이처럼 맑다면 더 높은 벼랑 끝을 찾을 것이다.
문득 이 목숨 업을 마치고 싶다.
그보다 더 한가한 일은 없을 것 같다.
그들이 더러 그렇게 이해되지 않을 짧은 목숨으로 훌쩍 가 버린 것이 이해되는구나.
이렇게 가 버린 것이야, 이렇게….

230
2002년 09월 11일 05시 43분

_새벽 슬픔

밤새 쫓기는 꿈.
그러고 보니
심장으로 가는 혈관이 막히는 통증이 느껴져 깨어났다.
거실로 내려와 천천히 걸으며 죽음을 사유한다.
나는 아직 죽음에 한가롭지 못하다.
몸과 마음이 한가하다고 할망정, 죽음에까지는 아니다.

다른 것은 다 속여도
그리하여 하늘의 신까지 속인다 하더라도
생로병사까지 속이지는 못한다.
스스로가 몹시도 가엾은 새벽이다.
갑자기 새벽 공기가 너무 차갑다고 느끼는 순간
부엌문을 닫았다.
새벽 슬픔이 있다.

떳떳하게, 한가롭게
죽음을 맞이할 수 있어야 하는데….
그것이 정녕 죽음만으로 끝나는 것이 아님을 보아야 하는데….
과연 나는 그럴 수 있을까?
머리로 오든, 심장으로 오든, 창자 속으로 오든
과연, 나는 그것이 아주 자연적인 하루가 지나는 것처럼 바라볼 수 있을까?

일을 줄여 나가야겠다.
더 이상 번거롭게 만들지 말아야 한다.

231

2002년 10월 02일 17시 06분

_흐르는 강물을 바라보며

강둑 위에 앉았다.
강물을 본다.
강물 위에 앉았다.
강물 따라 흘러간다.
더 이상 할 일이 없다.
볼 때는 보는 일을 하였고
흘러갈 때는 흘러가는 일을 하였다.
더 이상 할 일이 없다.

문득, 바아샬리 마을 시장이 생각났다.
시끌벅적한 그 시장….
그리운 석가세존은 죽림정사에 계셨고
문수는 대중을 이끌고 문병을 왔을 때
나는 병든 몸을 침상에 누이고
이 사바세계의 거칠고 조악한 시간과 공간을 관찰하고 있었다.
몸을 그려 넣었을 뿐인데,

그려 넣은 그 몸에 병이 들었을 뿐인데
붓도 물감도 화폭도 아닌 그림을 그린 그가
도로 가슴을 두근거리는 이 사바세계의 어지러운 회전율을 생각하고 있었다.
문수가 제일가는 법을 물었을 때 나는 침묵했다.

더러 사람들은, 그때의 나의 침묵을 들어, 자기들의 다홍치마를 입히며 감탄하곤 했지만
나는 그때 정말로 할 말이 없었을 뿐이다.
눈물이 난다.
어떤 눈물일까…?
그때 내 그 좁은 방에 가득 찬 대중….
아난과 가섭과 사리불과 등등의 제자들과 그리고 문수….
그네들이 몹시 그리워 난 눈물이 난다.
다시 만나려 했지만
서럽게도 열반한 그네들은 우주를 다 둘러봐도 그림자조차 없다.
그런데도 몸과 마음을 이끌고 끝없이 반복했던 나의 삶은 과연 무엇 때문이었을까?

아, 그립구나!
햇살이 창 틈으로 촘촘히 들어와 벽을 타고 또 탈 때의 그때

바이샬리 그 집 조그만 창문에는 지금쯤 누가 보고 있을까?
목숨을 거두고 싶다.
그만 이 목숨을 툭 하고 놔 버리고 싶다.
나도 그리운 옛 도반들을 따라 전 우주에 그림자 하나 남기지 않고 숨어 버리고 싶다.
"업이 아무리 조밀하다고 하지만 허공의 티끌일 뿐이려니, 어디에다 그 맛을 붙일쏘냐!"라고 일갈대성 하면서.

이보소, 사리푸트라여! 마하가섭이여! 라훌라여!
죽림정사의 햇살이 지금도 그리 곱소?
시간이란 공간과 마찬가지로 점점 멀어지는 것이긴 하지만
나에겐 또다시 한 바리때에 담아 올 세계가 없구려.
나도 이젠 그곳을 걸어보고 싶소.
그리운 이들이 걸었던 그곳을 비스듬한 햇살에 비껴서서
길게 그림자 하나 남기며 천천히 걸어보고 싶소.
나는 이 그림자를 드리우며 그대에게 소식을 전하오.

232
2002년 11월 14일 23시 56분

_나무관세음보살

"나무관세음보살!"
한 언덕을 넘어갑니다.
"나무관세음보살!"
두 언덕을 넘어갑니다.
"나무관세음보살!"
세 언덕을 넘어갑니다.

긴 밤에 아이마저 얼굴 뜨겁게 열이 나고 아프면,
그 얼굴에 볼을 대고 살며시 눈물 흘리며 "나무관세음보살!"

자주는 아니지만,
어쩌다 어릴 적에 잡아먹은 개구리 뒷다리 생각나면
털썩 주저앉아 하염없는 입김 손바닥 위에 받아 내며
"나무관세음보살!"

겨울이 시작되는 밤 어귀에서,

체온 하나로 뼛속까지 스며드는 깎아지른 듯한
무당산 칼바람 같은 냉기와 맞서야 하는
저 어린 송아지 영혼을 위하여,
두 눈자위 아래로 만길 폭포 같은 눈물 흘리며
"나무관세음보살!"

동구 밖 장승처럼 서 있다가,
눈은 있지만 보지 못하고,
귀는 있지만 듣지 못하고
가슴은 있지만 온기 하나 내지 못한 채
혼절해 간 아이들에게,
열반송을 대신하여
"나무관세음보살!"

그 어미는 가슴이 비어 버렸다.
메스로 도려낸 가슴에 두 손 가득히 물을 담아서,
천천히 둘로 나누어, 하나 둘 셋 하고 체온이 섞이기를 기다렸다가,
비어 버린 그 가슴 자리에 가만히 갖다 대면서
"나무관세음보살!"

너희들은 나를 잡아라.

나를 희롱하라,
나의 머리를 희게 하여 너희의 청춘을 늘려라.
나는 마땅히 시퍼런 업도業刀 밑으로 사지를 내밀면서
"나무관세음보살!"

233
2002년 12월 11일 00시 00분

_마음 통통

유마님은 2002년 12월 10일 감기 증상으로 병원에 입원하게 되었다.

감기에 절여진 몸을 이끌고, 노곤해진 상태로 침대에 드러누워 가만히 마음이 부딪치는 곳을 살펴보았다. 마치 길쭉하고, 둥글기도 하고, 네모나기도 하고, 얇기도 한 170센티미터 크기의 투명유리에 빛을 쏘이니, 이리 번쩍 저리 번쩍하고 빛이 닿으며 튕겨져 나가는 것과 같았다.

눈에 부딪치니 색으로 보이고
귀에 부딪치니 소리로 변화되고
코에 부딪치니 냄새로 나타나고
입에 부딪치니 맛으로 소화되고
몸에 부딪치니 촉감으로 처리되고

뜻에 부딪치니 생각들로 반영되는
이 신통 변화를….

탁구공이 탁구대 위에서 통통 튕겨지는 것과 같은
이 마음의 부딪침을 보다가 잠들어 버렸다.
잠 속에서도 여전히 통통 튀는 이 마음….
가만히 손가락 끝을 움직여 보았더니,
마음이 어김없이 그 손끝에 가서 통통 부딪쳐 돌아옴을 보았다.
빛이야 물질이 앞에 있으면 가로막혀 가지 못하지만,
이 마음은 태산이 앞에 있어도 아무 장애를 모르고 통과해 버리니
실로 이 마음을 막을 것이란 존재하지 않는다.
오로지 끊임없이 통통 튕겨지는 이 고무공 같은 마음을 보면,
우습기도 하고
무섭기도 하고
신기하기도 하고
덤덤하기도 하고….

234

2002년 12월 13일 11시 15분

_발원

귀의불 양족존 歸依佛 兩足尊
귀의법 이욕존 歸依法 離欲尊
귀의승 중중존 歸依僧 衆中尊

나무 시아본사 석가모니붓다!
사바세계 말법시대 재가제자 김일수
이와 같이 부처님과 그 법과 승가에게
목숨을 들어 돌아가 의탁하나이다.
고대고대 이 몸과 말과 마음으로
살생한 죄 참회합니다.
투도한 죄 참회합니다.
사음한 죄 참회합니다.
망어한 죄 참회합니다.
음주한 죄 참회합니다.

비록, 몸에 승가리를 걸치고 숲속에 기거하며,

하루 한 끼로 만족하며
청정한 계율을 지니지는 못하였사오나,
금생에 어쩌다 눈 먼 거북이 바다 한가운데서
나무토막을 만난 것과 같은 희귀한 인연으로
부처님 이름 얻어듣고 귀의하였으니,
지옥에 들어간다 하여도 이러한 인연은 바꾸지 않으리이다.
혹, 목숨이 짧아 지금 죽게 되오면,
바라옵건대
일찍일찍 어린 몸으로 출가하여
눈 밝은 스승을 만나지이다.

어지신 세존이시여,
몸은 중하게 아프고 마음은 난삽하여
평소처럼 한마음 지니기 힘이 듭니다.
그런 까닭으로 말하였던 것들이 망어 아닌 것이 없어
나와 남을 함께 속여 왔을 것입니다.
부디 이 죄업을 감당하게 하소서.
육십도 아니 되어 목숨을 마친다 하여
혹 사람들은
"저이가 예수 믿다가 부처를 믿더니, 목숨이 단명하였다"고 할지도 몰라,

불보살님과 스스로의 의지의 힘으로
약간 목숨을 연장하고자 함도 이젠 번거로워졌나이다.

어지신 세존이시여,
기억하소서.
당신의 열반이 죽음만은 아닌 것처럼,
저의 죽음 역시 죽음만은 아닐 것입니다.
부지런하지 못하여
당신의 법을 제대로 이어받지 못한
이 부끄러움을 조금 가지고,
항차, 이 목숨의 업보로 감당하고자 하나이다.
만일 목숨이 여기서 다할 운명이라면
계절에 순응하는 하나의 들꽃처럼 스러져 갈 것이며,
만일, 이 목숨이 아직 천명에 보존되어 있다면,
반드시 나와 남의 아뇩다라삼먁삼보리를 위해 쓰일 것입니다.
몸은 쓰러지나,
마음은 아닐 것이며,
이 마음 잠시 몸 따라 혼란스러우나
끝끝내는 아니오리다.

아,

제행은 무상하다.
이 몸은 반드시 쓰러진다.
제법은 무아이다.
쓰러지는 것은 "나"가 아니다.
이것을 모르면 괴로움이다.
나는 이것을 알므로,
몸의 고통은 있을지언정 괴로움은 없으리.

목숨을 마친다 해도
마음은 마치지 않아.
이 목숨 내 것이라
바득바득 우기며 살아온 지난날,
부처님 아니 만났으면 내 어찌 구제했으랴!
홀로 가는 이 길에 남은 이들 눈물 보니,
차마 발길 떨어지지 않네.
내 반드시 가지가지 신통으로 그대들 곁에 머물러
바람으로 불어 그대들 보리심을 들려줄 것이며
아지랑이로 피어나며 환화 같은 이치를 설해 줄 것이며,
달빛으로 새어나와 그대들 염불을 도우리라.

정진하라.

정진하라.

불자여 정진하라.

모진 병과 죽음이 코앞에서 숨을 헤아리며 기다릴지라도,

불자여, 정진하라.

물러서지 않음은 불자의 징표이다.

235
2002년 12월 13일 16시 50분

_아마 이것이 마지막인 듯

여러분!

그동안 정말 감사했습니다.

저는 아마도 다시는 이곳에 글을 올릴 수가 없을 것 같군요.

눈물이 조금 납니다만, 여러분의 정진을 부탁드립니다.

아미타바님

비번 아시죠?

부탁해요.

행복하길 바라며….

236

2002년 12월 15일 05시 02분

_정신을 놓기 전에

정신을 놓기 전에 할 말을 해둬야겠다.
이 컴퓨터는 100원에 4분 쓰는 병원 인터넷이다.
동전이 3개밖에 없어 끝내 다 쓰지 못할 것 같지만….

백혈구의 고장으로 고열에 시달리며 반은 깨고 반은 몽롱한 가운데,
문득 눈물나게 만드는 장면이 떠올랐다.

우리 집은 기독교 집안이다.
내가 이대로 가면, 형제들은 물론 홀로 언제나 나를 지지해 주신 나의 어머니마저,
반드시 다음과 같은 견해를 지을 것이다.
"보라, 일수는 하나님을 믿지 않고 도중에 부처를 믿다가 벌을 받아 회개하지 않는 자에 대한 하나님의 심판이 어떤 것인가를 겪고 말았다. 생사화복을 주관하시는 하나님에 더하는 존재는 없다. 부처란 다만 우상에

불과하여 믿으면 이렇게 벌을 받게 되는 것이다."

눈물이 꽃무늬의 환자복을 적신다.
나는 마땅히 가지가지 방편으로 그들로 하여금 부처님과 친근하게 해야 할 것이지만,
오히려 이렇게 삼보를 비방하게 하는 죄업을 감당하게 되었으니,
어떻게 무슨 염치로 이 언덕을 넘어갈 수 있단 말인가!

하염없이 눈물만 흐른다. 차라리 힘을 내어 연명의 의식이라도 거창하게 치러서
이 잔을 피하고 싶지만, 솔직히 힘이 없다.
나에게 그만한 공능이 있을 것 같지도 않지만, 있다 해도 피곤한 일이다.
아직 정신을 놓기 전에 간곡한 당부를 어머님과 형제들에게 하여 두고자 한다.
어머니,
그리고 형제들이시여,
지혜 있는 자는 산과 하늘을 볼 때, 구름으로 비를 가늠하고,
맑음으로 이슬을 아는 법, 사람의 목숨은 다 인과의 도리에 의하여,
혹은 길기도 하고 혹은 짧기도 한 것입니다.
제가 비록 부처님의 도를 사모하여 이 길을 왔으나,

하나님의 법을 비방하여 도려낸 적이 없고, 가로막은 적도 없습니다.

드문드문 하나님의 법 가운데, 어지신 하나님의 법이 아님이 분명한 것에 대해서만,

가로로 세로로 재어 온전히 드러나게 했을 뿐입니다.

이 보잘것없는 한 목숨에, 제가 무슨 거창하게

하나님이며 부처님이며 개입을 하였겠습니까?

다만, 저의 업이 짓고, 지금 때가 되어 받는 것일 뿐….

어머니,

이 장남을 불쌍히 여기소서.

부처를 믿어 단명하였다고 행여나 그런 생각 내지 마소서.

제가 중학교 때에 목이 아파 어머니께서 페니실린 주사를 한 대 놔주셨는데,

그것이 그만 잘못되어 제가 심하게 병을 앓게 된 것을,

어머님은 두고두고 저에게 죄스러워 했던 것을 압니다.

또 저는 그것을 빙자하여 걸핏하면 어머님을 괴롭히곤 했었지요.

어머니,

용서하세요.

다 제가 잘못한 것입니다.

아버님 가신 후로 어머님을 더욱더 살펴 드렸어야 하는데,

이 아들이 무능하여 그렇지도 못했을 뿐만 아니라,

오히려 걱정만 끼쳐 드렸더군요.

어머니는 아셔야 합니다.

저에게는 단 하나의 여인입니다.

나에게 어머님은 성모십니다.

그런데 어머님이 낳은 성자는 누구입니까?

어머님이 낳은 성자는 바로 어머님의 (주님에 대한) 믿음이십니다.

그런 거룩한 성자를 낳으신 몸으로 다른 거룩한 분을 비방해서는 안 될 것입니다.

그 다른 거룩한 분은 바로 부처님이십니다.

만일, 어머니마저 이 아들의 죽음을 그렇게 여기신다면,

저는 이 세상에서 누가 나를 진정으로 지지하고

끝까지 저의 편이 되어 준다고 생각해야 합니까? 아버님도 가시고 없는데….

어머니,

저도 살고 싶습니다.

인간의 목숨이 한 70은 간다는데 나도 그렇게 살고 싶습니다.

의사들이 좀 실수하여 오진이라도 했으면 좋겠습니다.

그렇다고 하여 이 아들의 목숨을 원통히 여겨,

어머님이 부처님을 비방하고 원망하신다면,

저의 죄는 아마 지옥에 들어가고도 남을 것입니다.

어머니,

부디 그러한 견해를 짓지 마소서.

다른 형제들에게도 부디 그런 견해를 짓지 말도록 권면해 주세요.

부탁입니다.

저는 아직 어머님의 아들이지 않습니까?

그러면 이 어린 아들의 부탁을, 부탁이 아니 된다면 떼를 쓰는데도,

기어코 부처님을 비방하실 것입니까?

태어날 때는 순서 있게 태어나지만, 갈 때는 순서대로 가는 것이 아니지 않습니까?

사람의 목숨은 길고 짧음이 스스로의 업보에 기인하는 것입니다.

저는 아마도 지난 생애와 또 확실히 금생에 많은 살생의 업을

뜻과 말과 몸으로 지었기에, 지금 스스로의 목숨으로 갚는 것일 뿐입니다.

내가 만일 부처를 믿어 화를 만나 이리 된 것이라면

어찌하여 교통사고나 절벽에서 떨어지거나

지붕이 무너져서 목숨을 잃지 않는 것입니까?

사실 받아야 할 것이라면, 그렇게 받아도 마땅하지만,

그나마 스스로의 내면의 반동으로 인하여 목숨이 다하게 된 것은 복일지도 모릅니다.

어머니,

나의 어머니,

이 아들은 어머니만 믿고 갑니다.

237

2002년 12월 15일 05시 11분

_숭산스님

병원 응급실 베드에서 숭산스님을 만났다. 비구니 한 분과 같이 계셨다. 심장이 안 좋으신 모양이다. 병원 바닥이지만 일 배를 한 뒤 내가 여쭈었다.

"스님, 남은 시간이 얼마인지 잘 모르지만, 마음을 어떻게 요긴하게 써야 합니까?"

스님께서 대답하셨다.

"다 내려놓아. 방하착이야. 불생불멸의 이치가 거기에 있어."

"스님, 마음은 내려놓지만, 몸은 잘 내려놔 지지가 않습니다."

"그래? 마음은 잘 내려놓았다는 말이지? 그럼 말해 봐. 마음은 있어 없어?"

"…?"

"바로 그것이야. 오직 모를 뿐이야."

아, 현기증이 나서 더 이상… 쓸 수가….

238

2002년 12월 00일 00시 00분

_숭산스님과 만남

유마의 조카입니다.

삼촌의 부탁으로 씁니다. 삼촌의 짧은 병원생활 중, 숭산스님과의 인연은 어둠을 잠시 비춘 불빛이었던 것 같습니다. 외로운 길에 접어드는 초입에서 인생이 준 선물이었던 것 같습니다. 삼촌은 스님을 만난 일에 몹시 가슴 설레었습니다. 자랑하고자 제게 숭산스님을 아느냐고 운을 떼었다가 모른다는 대답을 듣자, 저의 무식을 탓하며 적이 실망스러워 하였습니다. 숭산스님은 깨달음이 매우 깊은 고승이라고 합니다. 저는 성철스님과 같은 분이라는 설명을 듣고야 겨우 알아들었습니다.

"병원 로비에서 낯익은 얼굴을 만나서 누굴까 생각하는데 숭산스님인 거야. 그래서 일단 넙죽 절부터 올렸지. 나는 삼배를 하려고 했는데 주위에서 만류하더라고."

저는 삼촌에게, 스님에게는 원래 삼배를 하는 것인지 물으려다 말았습니다. 혹 그것이 아니라고 해도, 저는 그 광경을 넉넉히 짐작할 수 있습니다. 삼촌에게는 엉뚱하고 익살맞은 배포가 있었으니까요.

"스님, 남은 시간이 얼마인지 잘 모르지만, 마음을 어떻게 요긴하게 써야 합니까?"

"다 내려놔, 방하착이야. 불생불멸의 이치가 거기에 있어."

"스님, 마음은 내려놓지만, 몸은 잘 내려놔 지지가 않습니다."

"그래? 마음은 잘 내려놔 진단 말이지? 그럼 말해봐. 마음은 있어 없어?"

"…?"

"바로 그것이야. 오직 모를 뿐이야."

이어 삼촌이 정확히는 기억나지 않는 뭔가 교조적인 질문을 하자 스님은 호통을 치셨습니다.

"너처럼 자꾸 대가리를 쓰려고 하는 것이 문제야. 오직 모를 뿐이야. 그것에만 집중해."

짧은 침묵,

"스님, 불생불멸하는 것이 몸을 말하는 것은 아닐 테지요?"

"그럼, 몸이 아니지. 그럼."

도장을 찍듯 단단한 긍정.

"마음이 정해지지 않을 때는 어떻게 하면 소용이 될까요? 염불도 괜찮을까요?"

"염불도 괜찮지. '나무아미타불'이라고 하면 좋아"라고 스님이 직접 염불 샘플까지 만들어 주셨다고 하였습니다.

삼촌은 장난꾸러기라, 듣기 싫은 소리를 할 때면 딴청을 피우며 능청부리기를 잘 하는데, 그 날, 힘들고 긴 치료가 되어도 꼭 견디어야 한다고 채근할 때마다, 그렇게 나는 알아들을 수 없는 도사 주문을 외며 못 들은

척 하는 것이었습니다.

　불교를 잘 알지 못하는 나에게는 도사 주문처럼 들렸던 그것이, 숭산스님께 받은 법어인 '방하착'과 염불이었던가 봅니다.

　"병원 로비 벤치에 숭산스님과 나란히 앉았거든, 스님도 심장수술을 받고 치료중인 모양이야. 손에 링거를 꽂고 계셨어. 그래서 그 손을 가만히 잡아드렸지. 그러니까 스님도 링거 없는 다른 손을 조용히 내 손위에 포개시는 거야."

　나는 그때 삼촌의 얼굴을 스친 아이 같은 기쁨을 보고, 더불어 조금 전에 염불을 부러 외던 약간 심통 맞은 그 표정을 떠올리곤, 창백한 얼굴을 빼면 삼촌은 역시 변함 없다고 생각을 하고, 조금은 안심하고 돌아왔습니다.

　하지만, 삼촌의 병의 깊이와 고독의 깊이를 오늘에야 알았습니다. 덥석 병원로비에서 삼배하고자 할 만한 기운이 있었던 삼촌인데, 겨우 하루가 지난 후에는 병원침대에서 기운 없이 고열에 시달리고 있었습니다.

　하지만 오늘은 그마저 여의치 않습니다. 삼촌은 몸에서 정신을 놓았습니다.

　입김처럼 가볍다고 하는가요, 그 무겁던 생명의 정수가 겨울날 입김처럼 날아올라 흩어지려고 합니다. 삼촌의 여덟 형제들이 그 입김을 붙들어 놓고자 울면서 기도합니다.

　'……'

　가끔씩 쑥스럽게 내보이던 삼촌의 글들을 읽고도, 삼촌이 병상에서 한 부탁을 받고서야 이곳에 들어왔습니다.

지난 이틀 간,

삼촌의 편두통으로 빚어낸 글들의 깊이와 정밀精監에 질려, 숭산스님 이야기를 제 손으로 쓰는 것을 망설여 썼다가 지우고 지운 것이 후회가 됩니다. 얼른 올려서 삼촌에게 검사를 받았어야 했습니다. 하루만에 들은 얘기도 잊어먹고 마는 저의 건망증을 삼촌에게 타박 맞을 기회를 그만 잃은 것 같습니다.

그러니 여기 쓴 숭산스님과 삼촌의 조우는 저의 박약한 기억력으로 쓴 것입니다.

여러분은 그저 '방하착'을 받아 품고 가는 삼촌을 기억해 주십시오. 입김처럼 흩어져버릴 몸이라면, 삼촌은 불생불멸할 마음을 간직하기를 기원했을 거라고 헤아려 봅니다. 그리고 삼촌은 당신이 사유하고 신앙하는 바를 죽음 앞에서 지킨 사람입니다.

평생을 그물이 찢어지는 사랑을 받고도 저에게는 모자라서, 저는 삼촌에게 못다 받은 사랑, 못다 나눈 이야기들을 찾아 종종 이곳을 찾아올 생각입니다.

님 가시는 길

글쓴이 : 연향

일 시 : 2002년 12월 19일 22시 36분

그토록 훌륭한 스승 만나기를 학수고대하시더니
숭산스님을 인연으로 좋은 공부하시게 된 것 축하드려요.
처음에
몸을 바꾸신다기에
얼마나 놀라고 아쉬웠던지요.
그렇게 함께 더 살고 싶은 마음,
가만히 들여다보면 유마님께 더 많이 배우고 싶은 마음
그토록 아쉬워하는 마음의 깊은 곳엔
나를 위하는 마음이 있었더랬습니다.

며칠이 지나고
오늘, 유마 아저씨 몸 바꾸셨다는 소식을 접한 후에
별 분별심이 일어나지 않았습니다.
제가 태어나서 죽음을 접한 뒤
가장 편안하고 자연스럽게 받아들인 경우네요.

금강경 독경,
유마 아저씨 좋은 인연을 위하여
한마음 내겠습니다.
스승님 만난 것 축하드리고요.
죽는 순간을 공부하는 모습으로 맞이한 것도 축하드리고요.

오늘은 제 생일인데….
어제가 보름이라
달이 유난히 둥그렇고 밝더라고요.
잠깐 그 달님 보며
"나무아미타불…" 염했습니다.

가시는 길
편안하시리라 믿습니다.

그동안 감사했습니다.
안녕히….

유마여, 잘 가시게

글쓴이 : 제주
일 시 : 2002년 12월 24일 15시 46분

어제까지 비바람에 뒤척이던 바다는 잔잔했습니다
조그만 고깃배에 올랐습니다
한라산이 한눈에 들어오고 해안 절경이 뛰어난 베릿내 바닷가,
그곳은 우리가 벗은 몸이 부끄럽지 않던 어린 시절 멱을 감던 곳입니다

어제 12시 30분에 제주공항에 도착한 유마는 이승의 인연이던
어머니와 형제자매들의 품에 안겨 조그만 상자 속에서 편안하게 웃고
있었습니다.
유마의 고향집을 거쳐 베릿내 바다가 보이는 광명사光明寺.

하룻밤을 우리와 함께 보낸 유마는 그렇게 넘실대는 쪽빛 바다 물결에
실려졌습니다.
뱃머리를 돌려 포구로 돌아오는 우리들의 외침은 단 한마디였습니다.

유마여, 잘 가시게

친구이지만 그가 병상에 있을 때 그 곁에 함께 하지 못한 절규인지도 모릅니다.

| 간행후기 |

'유마와 수자타의 대화' 시리즈를 간행하며

1

　이 시대의 선남자 유마거사와 선여인 수자타의 대화록인 '유마와 수자타의 대화' 시리즈는, 어여쁜 '수자타'의 상큼하고 진지한 물음과, 깊은 혜안을 가진 '유마'의 명료한 답변을 통해, 언어가 표현하는 한계를 뛰어넘어서 통찰의 근원에 이르게 하는 지혜의 책들입니다.
　흐르는 물같이 막힘없는 답변과 적절한 비유를 통한 예리한 논법은 마치 『중론』과 『밀린다왕문경』을 연상케 하고, 그 처음부터 끝까지 무한한 감동으로 이어져 읽는 이로 하여금 일대사인연—大事因緣의 자리가 되게 합니다.

　이 글에 등장하는 '유마'는 대승경전인 『유마경』을 설한 분이시고, '수자타'는 고행자 싯다르타 보살에게 우유를 공양한 여인으로, 불교 역사에서 상당히 중요한 역할을 한 주인공들입니다. 실제 인물인 유마[故김일수님]와 수자타[한때 천주교인이었는데 불교에 귀의하여 유마께서 수자타란 이름을 지어 주었음]와의 대화체로 된 이 글들은, 개신교회의 장로이셨던 유마의 아버님과, 그 아들인 유마와의 대화에서 오고갔던 내용들을 정리하여 인터넷cafe. daum net에 올렸던 것입니다.

2

이 글이 처음 등장한 곳은 어느 종교 사이트의 토론방이었습니다. 처음 1~4편이 올려지는 동안, 문체의 유연함과 논리의 정밀함에 놀란 여러 종교의 논객들이 제대로 반론을 제기하지 못하고, 마냥 우두커니 바라보기만 했었지요. 그렇게 되자, 그분[유마]은 혹시 다른 종교에 누를 끼칠까 저어하여 그곳에 더 이상 글을 올리지 않고 독립된 카페를 만들어 글을 올렸습니다.

그렇게 올려진 글이 나중에는 무려 800쪽이나 되었습니다. 이렇게 탄생한 이 글은 그분 자신이 밝혔듯, '누구에게 보여주기 위함'이거나 '스스로를 드러내기 위함'이 아니라, 오직 '자신에게 이야기하기 위함'이었던 것입니다. 그러므로 자기성찰의 길에 나선 사람들에게 이 글은 더없이 좋은 길잡이가 되고 길동무[道伴]가 될 것입니다.

3

    이 글을 쓴 김일수(인터넷 id : 유마)님은 제주도 서귀포의 한 조그마한 시골마을에서 태어났습니다. 시와 음악은 물론 철학에도 남다른 재능을 타고났었지요. 하지만, 그분은 3대째 개신교 집안의 장남답게, 청소년기에는 1주일 동안 방문을 걸어 잠그고 기도를 했을 정도로 예수와 성경만을 생각한 골수(정통) 개신교인이었습니다. 그 무렵 그분의 눈에 비쳤던 불교는 단지 우상을 숭배하는 하나의 집단일 뿐이었습니다.

    그러던 어느 날 우연히 친구를 따라 절(중문 광명사)에 갔다가, 그 절의 서가에 꽂혀 있는 『대승기신론』 역본譯本을 읽게 되었는데, 그만 큰 충격을 받고 말았습니다. 무당의 큰집쯤으로 여겼던 불교의 책에서, 성경을 몇 번이나 읽어도 풀리지 않던 의문의 답이 있었으니까요. 눈을 떼지 않고 세 번이나 반복하여 읽었을 정도로 그 충격은 엄청났던 것입니다. 그랬으니 그 뒤에 그분이 겪어야 할 갈등 또한 만만찮았음을 짐작할 수 있을 것입니다. 이 글 곳곳에 그분의 처절했던 갈등이 묻어나고 있습니다. 읽는 분은 다 알게 되겠지만, 그 갈등은 단지 그분 개인만의 것이 아닌, 이 시대 이 땅에서 살아가는 우리 모두의 것임을 공감하게 될 것입니다.

4

    꽃은 떨어지기 전에 가장 많은 향기를 뿜는다고 했던가요. 그분은 어렸을 때부터 몸이 허약했던 터라, 감기증상으로 병원에 입원한 지 불과 10여 일만인 2002년 12월 21일, 급성백혈병으로 안타깝게도 이승과 인연을 달리했습니다. 그러나 그분의 마음의 향기와 같은 이 글이 남았으니, 이를 어찌 우연의 일이라고만 하겠습니까?

하지만 선문禪門의 선지식들께서 불립문자不立文字를 세우신 것에 맞추어보면, 그분의 마음을 마주함과 같을 수야 있겠습니까. 이에, 아래와 같이 간절히 기원합니다.

"부디, 임께서는 새로운 몸을 입고 속히 사바세계에 오셔서 직접 법을 가르치시기를 삼가 간절히 기원합니다〔速還娑婆 再明大事〕."

5

2,600여 년 전, 저 인도의 '유마거사'와 '수자타'의 인연이 이제 김일수 님을 거쳐 우리에게 이르렀듯이, 그렇게 그렇게 인연된 많은 분들의 요청으로 이 책을 다시 간행하게 되었습니다. 마침 유족들을 대표하여 부인, 이성진 씨께서 책 내는 일체의 일을 카페의 안영선 대표에게 맡긴다는 위임장을 써 주셨습니다.

때에, '도서출판 도피안사'를 설립하여 뜻 깊은 '광덕스님시봉일기' 시리즈를 펴내고 있는 송암스님께서, 어느 날 조계사 앞에서 일을 보고 있는데 평소 알고 지내던 선객禪客인 보문스님을 우연히 만났고, 보문스님은 선배인 송암스님을 보자마자 이 책에 대해서 설명하며, 꼭 이 책을 송암스님이 다시 출판해야 한다고 간곡히 부탁하더랍니다. 어찌나 간곡히 청하던지, 송암스님은 그의 청에 못 이겨 "그러면 책이나 어디 한 번 봅시다"라고 답했고, 보문스님은 송광사 선방으로 돌아가던 길로 바로 복사본을 보내왔더랍니다. 이러한 인연으로 카페 대표인 안영선 님이 안성 도피안사에 가서 송암스님을 만나 뵙고 책 간행에 대한 절차를 마쳤습니다.

이처럼 우리들과 인연을 맺게 된 송암스님께서는, 마치 고인과 이승에서 미처 다하지 못한 무슨 인연이 있는 사람처럼 밤낮을 가리지 않고 이 원고에 매달렸습니다. 결과 예상치 못한 전혀 새로운 모습의 시리즈로 엮었고〔編〕, 문장이나 자구字句, 불교교학에 이르기까지 세밀하게 살펴〔鑑〕 주셨습니다. 비용과 노력의 부담, 시간을 아끼지 않고 총 4권의 시리즈로 엮어 주셨습니다. 또한 도피안사에서 수행하시는 김재영 교수님께서는 원고를 낱낱이 읽고 지도해 주셨습니다.

특히 생전의 유마님은 부처님에 대한 신앙심이 사뭇 열렬하고 절절했습니다. 이 점을 간파한 송암스님이 실크로드여행사 이상원 대표님의 인도불교성지 사진과 두레생태기행 김재일 회장님의 자연과 풍경에 대한 사진을 차례로 각 권에 실을 수 있도록 아이디어를 성사시켰습니다. 바야흐로 이러한 인연들 덕분에 예상치 못한 놀라운 모습으로 이 시리즈가 세상에 그 모습을 드러내었습니다.

6

이 모두 하나의 불사인연으로 움직이고 있었던 것입니다. 누구도 막지 못할 시절인연으로 성숙한 것입니다. 그러나 저희들이 원고를 간추려 엮으면서 배움이 일천하고 불법에 대해서는 더욱이 눈먼 이와 다름없는지라, 본래의 의미를 조금이라도 해치지 않았는지 적이 걱정이 앞섭니다. 아무쪼록 다소 부족과 무리가 있어도 염치불고하고 독자 여러분들의 혜량하심을 간구합니다. 다만 유마님이 계시지 않는 이 세상에서 조금이라도 유마님을 느낄 수 있는 계기를 마련한 것으로 지인의 직분을 다한다고 자위하려 합니다.

끝으로 이 책이 나오게 되기까지 출판을 허락해 주신 유가족들과 음양으로 도와주신 회원을 비롯한 모든 분들, 말할 수 없는 노고를 감내하신 송암스님과 김재영 교수님, 사진을 대가 없이 흔쾌히 제공해 주신 두레생태기행의 김재일 회장님, 출판사의 관계자 여러분들께 깊은 감사의 말씀을 올립니다. 감사합니다.

나무마하반야바라밀다

2008년 3월

카페의 엮은이들 합장